Geheimnisvoller
Da Vinci Code
in Wien

Robert Bouchal
Gabriele Lukacs

Geheimnisvoller Da Vinci Code in Wien

Verborgene Zeichen & Versteckte Botschaften

Pichler Verlag

Inhalt

MYSTERY TOUR DURCH WIEN

Die Traumstadt Wien, die „Weltstadt mit Herz“, ist bekannt für ihr mondänes Flair und ihre prunkvolle Architektur, ihre stilvollen Kaffeehäuser und gemütlichen Heurigenlokale. Aber kennen Sie auch das mystische Wien hinter den glanzvollen Fassaden? Die rätselhaften Codes, Zeichen und Botschaften, die sich in Wiener Kirchen, Palästen und Häusern verstecken?
Wien war immer schon eine Stadt mit zwei Seiten, einer hellen, weltoffenen und einer dunklen, verborgenen. In der Astro-Geomantie, einem Zweig der Astrologie, die einem Standort mittels intuitiver Methoden ein Sternzeichen zuordnet, gilt Wien als Stadt des Sternzeichens Zwilling, also jenem Zeichen, das die Doppelnatur zum Ausdruck bringt. Wien ist sowohl eine westliche als auch nach Osten orientierte Stadt, am Schnittpunkt zweier großer Kulturen, modern und konservativ zugleich, weltoffen, aber auch provinziell, nicht unüberschaubar groß, aber auch nicht dörflich, scheinbar ewig fröhlich und doch sehr melancholisch, lebenslustig mit einer merkwürdigen Affinität zum Tod. Bei all diesen gegensätzlichen Eigenschaften wundert es nicht, dass es eine helle und auch eine dunkle Seite in dieser Stadt gibt.

Vorhergehende Doppelseite: Eine Stadt im Sternzeichen Zwilling: Blick auf die Wiener Innenstadt mit der Minoritenkirche im Vordergrund.

- Wussten Sie, dass es in Wien eine originalgetreue Kopie des „Abendmahls“ von Leonardo da Vinci gibt?
- Wussten Sie, dass eine sensationelle neue Entdeckung den wahren Geheimcode im Gemälde entschlüsselt?
- Kennen Sie die Versammlungsräume der Templer in Wien?
- Wird der Heilige Gral vielleicht in Wien aufbewahrt?
- Führen die Habsburger die Blutlinie Jesu fort?
- Kennen Sie die Bauhüttengeheimnisse des Stephansdoms?
- Kennen Sie die Logen und Geheimbünde Wiens?

Seit dem Jahr 2009 veranstaltet die „Arbeitsgruppe Wienfuehrung“ (www.wienfuehrung.com) im Rahmen ihres Programms „Wien für kluge Leute“ einen Stadtspaziergang mit dem Titel „Auf den Spuren des Da Vinci Codes durch Wien. Fiktion und Wahrheit“, ausgearbeitet und durchgeführt von der Historikerin DDr. Anna Ehrlich und der Wiener Stadtführerin Mag. Gabriele Lukacs.
Das große Interesse und die Faszination an diesem Thema bei Einheimischen und Wien-Besuchern veranlasste mich, dieses Buch über den geheimnisvollen Da Vinci Code in Wien zu schreiben. Als Hobby-Historikerin und Stadtführerin begab ich mich auf die Spuren des geheimnisvollen Grals und der Templer in Wien und versuchte die Geheimnisse überlieferter Legenden zu ergründen. Der bekannte Fotograf Robert Bouchal teilte meine Entdeckerfreude und setzte viele unbekannte Details gekonnt in Szene.

Die Hofburg in Wien, Aufbewahrungsort des Wiener Grals.

Unsere Wanderung durch Wien führt uns durch mittelalterliche Kirchen, zu Logen der Geheimbünde, in Reliquienkammern und zu unterirdischen Versammlungsräumen. Am Ende unserer Tour durch das „Verborgene Wien“ werden auch Sie die Codes und Geheimzeichen entschlüsseln können.
Eine spannende Lektüre und viel Vergnügen bei einem Spaziergang durch das Wien des „Da Vinci Codes“ wünschen

Gabriele Lukacs und Robert Bouchal

GIBT ES EINEN DA VINCI CODE IN WIEN?

Die Romane „Da Vinci Code“ und „Illuminati“ des US-Autors Dan Brown und deren Verfilmungen sind zum Thema Nr. 1 bei Krimi-Fans und unter Verschwörungstheoretikern geworden. „The Da Vinci Code“ (in der deutschen Übersetzung „Sakrileg“) hat Leonardo da Vincis Gemälde „Das Letzte Abendmahl“ und seine vielfältigen Interpretationen zum meist diskutierten Thema der letzten Jahre gemacht.
Der über 80 Millionen Mal verkaufte und in 51 Sprachen übersetzte Roman stellt einige historisch nicht beweisbare Behauptungen auf, die zwar polarisieren, aber scheinbar den Nerv der Zeit getroffen haben, unter anderem:

- Eine eheliche Verbindung und Nachkommenschaft von Jesus und Maria Magdalena. Versteckte Hinweise zu dieser von der katholischen Kirche nicht anerkannten These soll es im Abendmahl-Gemälde von Leonardo da Vinci geben.
- Eine bis zum heutigen Tag in mehreren europäischen Adelsgeschlechtern weitergeführte Blutlinie seit Jesus und Maria Magdalena.
- Der geheimnisumwittere Ritterorden der Templer sei nicht nur der Hüter des Heiligen Grals und des verschwundenen Tempelschatzes, sondern auch der Bewahrer dieses Wissens um Jesus und Maria Magdalena gewesen. Nach der grausamen Ausrottung der Templer soll dieses Geheimwissen von den Rosenkreuzern, Freimaurern und Illuminaten weiter tradiert worden sein – bis zum heutigen Tag.

Der Da Vinci Code – Das Sakrileg

Der Begriff „Da Vinci Code“ wurde von Dan Brown geprägt. Man versteht darunter die Theorie, in Leonardos Abendmahl-Gemälde sei eine codierte, also verschlüsselte Botschaft versteckt. Das Wort Sakrileg leitet sich aus dem lateinischen „sacer“ für „heilig“ und „legere“ in der

Bedeutung von „stehlen“ ab. Gemeint ist damit ein Vergehen gegen heilige Objekte oder Personen.
Nach Meinung von Dan Brown ist in Leonardos Gemälde ein Sakrileg verborgen, nämlich die Behauptung, dass Jesus mit Maria Magdalena verheiratet gewesen wäre. Die Tatsache des Fehlens des Abendmahlkelches, des Heiligen Grals, im Gemälde beweise, dass Maria Magdalena der Kelch sei. Sie habe ein Kind von Jesus unter ihrem Herzen getragen, welches sie nach ihrer Flucht in Frankreich geboren hätte. Sie sei der wahre Gral und aus dieser Blutlinie gäbe es angeblich Nachkommen, die heute noch in Frankreich leben.
Diese Annahme steht im Gegensatz zum kirchlichen Dogma, wonach Maria Magdalena nur eine Jüngerin Jesu war. Die katholische Kirche versuche – laut Dan Brown – fieberhaft, dieses Geheimnis zu verschleiern und nur wenige Eingeweihte, unter anderem Leonardo da Vinci, hätten davon gewusst.
Diese Aussage zum Maria-Magdalena-Mythos und dem Gral ist nicht neu, sie stammt auch nicht von Dan Brown. Er verpackte in seine Romane jahrhundertealte Überlieferungen, die in ähnlicher Weise bereits 1984 von den englischen Autoren Lincoln, Baigent, Leigh in ihrem Buch „Das heilige Blut und der heilige Gral“ publiziert wurden. Die englischen Autoren stützen sich wiederum auf ältere Quellen, die von den Katharern und Bogomilen, christlichen Sekten aus dem 10.–15. Jahrhundert, stammen. Sie verfolgten die Spur zurück bis zu den Merowingern, dem ersten Königsgeschlecht der Franken aus dem 5. Jahrhundert, die von sich eine göttliche Abstammung behaupteten. Die mündliche und schriftliche Überlieferung all dieser Behauptungen ist bereits zum Mythos geworden und kulminierte in Dan Browns Bestseller „The Da Vinci Code“. Der US-Autor wurde sogar wegen Plagiats geklagt, weil er aus diesem Werk abgeschrieben habe. Kürzlich wurde er freigesprochen und die Gegner zu 4,5 Millionen Euro Strafe verurteilt. Im Freispruch hat der Richter eine Botschaft verschlüsselt …

Des Richters doppelter Da Vinci Code

Der Wiener Zeitungsredakteur Dr. Herbert Kaspar veröffentlichte in der „Wiener Zeitung“ einen humorigen Artikel anlässlich der Filmpremiere von „The Da Vinci Code“. Just am 20.06.2006 – als ob auch er einen Code in seinem Bericht verstecken wollte.
In Wien, schreibt er, habe es einen bekannten Rechtsanwalt gegeben, der seine Eingaben bei Gericht in Versform zu verfassen pflegte. Witzige Richter hätten dann in Reimen geantwortet.
In Großbritannien, im Land der schrulligen Käuze, hat sich eine ähnliche Episode ereignet. Jener Richter, der das Verfahren im Plagiatsprozess gegen Dan Brown führte, hat zum Gaudium der versammelten Presse, die des Richterspruchs gespannt harrte, einen Code im Urteil

eingebaut – getreu dem Gegenstand des Verfahrens, dem „Da Vinci Code".
Der angesehene 54-jährige High Court Judge Sir Peter Smith fällte das Urteil zu Gunsten von Dan Brown mit der Begründung, das Thema wäre schon früher vielfach behandelt worden, und sprach ihn vom Plagiat frei. In seiner Urteilsbegründung versteckte der Richter selber einen Code, den die Presse sehr bald knackte und darüber berichtete.
Es war aufgefallen, dass sich auf den ersten 13 Seiten der Urteilsbegründung im Text verstreut Kursiv-Buchstaben fanden. Die Aneinanderreihung der Buchstaben ergab eine zunächst unverständliche Textmasse, die dann durch Anwendung der „Fibonacci-Folge" – die wiederum im „Da Vinci Code" eine wichtige Rolle spielt – gelöst werden konnte.
Die entschlüsselte Botschaft war folgende: „Smithy Code: Jackie Fisher, who are you? Dreadnought".
Damit spielte der schrullige Richter auf sein Hobby, die britische Militärgeschichte, an. Jackie Fisher ist der nach Horatio Nelson bekannteste Admiral der britischen Marinegeschichte. Er rüstete die Royal Navy im Ersten Weltkrieg auf und revolutionierte den Seekrieg mit den „dreadnoughts" genannten Schlachtschiffen.
Weil der Prozesstag mit einem Jahrestag der Marinegeschichte zusammenfiel und der Richter sein Idol ehren wollte, versteckte er die Botschaft von den „dreadnoughts" im Gerichtsurteil.
In einem Interview betonte er: „Ich habe niemals angenommen, dass es jemand bemerken würde. Ich habe die Geschichte zu meinem eigenen Vergnügen erfunden und die Lösung hat nichts mit dem Fall zu tun." Die ganze Sache hatte nur 40 Minuten seiner Zeit in Anspruch genommen.

Wie wär's mit Wien, Dan Brown?

Wäre Wien – nach Paris und Rom – nicht die perfekte Stadt für einen weiteren Thriller über den Gral, die Templer und andere Geheimbünde?
Wäre Wien nicht wie geschaffen dafür, in alten Katakomben unter dem Stephansdom nach den Templern oder in den verschlossenen Archiven der Habsburger nach der Blutlinie zu suchen?
Es ließe sich eine packende Story über die Wiener Rosenkreuzer, Alchemisten und Illuminaten inszenieren. Pyramidengräber, Obelisken, Engel und Dämonen – das gibt es alles auch in Wien.
Und welche Stadt, außer Valencia, kann mit einem „echten" Gral aufwarten? Oder mit den „wahren" Nachfahren der Merowinger?

- In der Wiener Minoritenkirche befindet sich eine 200 Jahre alte originalgetreue Mosaik-Kopie des Abendmahl-Bildes, welche die Apostelszene farblich deutlicher darstellt als das Original selbst.
- Maria Magdalena wurde in Wien mit ihr geweihten Kirchen, Klöstern und Festtagen immer besonders verehrt.

- Die Blutlinie der Habsburger lässt sich bis zu den Merowingern zurückverfolgen, welche behaupteten, Nachkommen Christi zu sein.
- Die Wiener Schatzkammer ist der Hort mehrerer als echt eingeschätzter Christi-Blut-Reliquien.
- Der Heilige Gral wird hier aufbewahrt und verehrt.
- Die Templer als Gralshüter hatten Besitzungen und Versammlungsräume in Wien.
- Die Kathedrale Wiens, der Stephansdom, ist nach geheimer Bauhüttentradition errichtet.
- Die Proportion des Goldenen Schnitts und das Pentagramm wurden, wie in Da Vincis Gemälden, auch in der Wiener Architektur der Romanik bis zum Barock angewendet.
- Kaiser, Adel, Musiker und Literaten Wiens waren Mitglieder der Freimaurer, Rosenkreuzer und Illuminaten.
- Orden und Geheimbünde zelebrieren ihre Initiationsriten bis zum heutigen Tag.
- Opus Dei, eine kirchliche Laienorganisation, ist auch in Wien-St. Peter vertreten.

Begeben wir uns auf Spurensuche durch das geheimnisvolle Wien der Codes und Geheimzeichen. Verfolgen wir die Spuren der Geheimbünde, deren Rituale noch heute lebendig sind. Am Ende unseres „Pfades der Erleuchtung" werden auch wir uns zu den „Eingeweihten" zählen dürfen.

DAS LETZTE ABENDMAHL
und die vier Da Vinci Codes

LEONARDO DA VINCI – RÄTSELHAFTES UNIVERSALGENIE

Vorhergehende Doppelseite: Nur wenige kennen die Bedeutung dieses Schatzes: Mosaikbild des „Letzten Abendmahls" in der Minoritenkirche.

Leonardo wurde am 15. April 1452 in Vinci, einem Dorf 30 Kilometer westlich von Florenz, als unehelicher Sohn eines Notars geboren. Nach neuesten Forschungen, die im Jahr 2008 vom Da Vinci-Institut veröffentlicht wurden, waren Leonardos Eltern der 25-jährige Notar Piero da Vinci und mit hoher Wahrscheinlichkeit die getaufte, damals 22-jährige, arabische Sklavin Caterina, die bei Piero vorübergehend als Magd arbeitete.

Die Mutter heiratete wenig später einen Töpfereibesitzer aus Vinci und bekam fünf weitere Kinder. Der Vater Piero war insgesamt viermal ver-

Leonardo da Vinci, Selbstbildnis um 1512 (Rötelzeichnung, Biblioteca Reale, Turin)

heiratet und hatte aus den letzten beiden Ehen neun Söhne und zwei Töchter. Leonardo wurde von seinem Vater als leiblicher Sohn anerkannt.

Sein Talent zeigte sich früh und so erhielt er schon als Kind Mal- und Zeichenunterricht. Als junger Maler wurde er an den Hof der Medici verpflichtet und war Zeit seines Lebens Hofmaler in Adels- und Königshäusern.

Leonardo starb 68-jährig am 2. Mai 1519 in Frankreich, im Schloss Cloux bei Amboise. Sein Grab befindet sich in der Kirche des Hl. Florentin. Leider wurde es im 16. Jahrhundert zerstört, sodass Leonardos sterbliche Überreste für immer verloren sind.

Heute ist sein Geburtshaus in Vinci ein Museum und Forschungsinstitut. Über einhundert Modelle seiner Erfindungen, Proportionsstudien und Entwürfe zu seinen Bildern sind dort ausgestellt. Die interaktiven Modelle seiner Kriegsmaschinen werden auf Ausstellungen in der ganzen Welt präsentiert. Auch in Wien waren sie bereits mehrmals in den Ausstellungsräumen unter dem Schottenkloster zu sehen.

Malerei – Mathematik – Geometrie

Leonardo da Vinci hat vollkommene Bilder gemalt. Jede Person, jedes Architektur- oder Landschaftsdetail ist räumlich exakt berechnet. In seiner „Proportionsstudie" hat er die Proportionen des Menschen genau studiert und in Beziehung zur Geometrie, nämlich Kreis, Quadrat und Dreieck, gesetzt. Die italienische 1-Euro-Münze zeigt dieses berühmte Motiv.

In vielen Gemälden Leonardos ist der Nabel des Menschen auch der Bildmittelpunkt. Im „Letzten Abendmahl" jedoch ist es die Schläfe von Jesus. Diese sensationelle Entdeckung, die natürlich Rätsel über Leonardos Beweggründe aufgibt, hat man erst 1999 anlässlich der letzten Restaurierung des Gemäldes gemacht. Wir berichten darüber im Abschnitt „Code Nr. 3". Auch die Mona Lisa lächelt streng mathematisch. Leonardo unterteilte das Bild in gleichschenklige Dreiecke in einem festen Verhältnis – immer und immer wieder. Das Verfahren nennen wir heute „Goldener Schnitt". Diese Proportion wird von unseren Sinnen als äußerst harmonisch empfunden und genau darin liegt das Geheimnis der Mona Lisa.

Hat Leonardo in seinen Bildern Geheimwissen verschlüsselt?

Leonardo war ein Universalgenie; Künstler, Wissenschaftler und Ingenieur zugleich, der das gesamte Wissen seiner Zeit besaß, welches damals nicht jedermann zugänglich und vielfach Geheimwissen war. Auch soll er der Kirche gegenüber kritisch eingestellt gewesen sein. Sein Biograph Vasari berichtet uns ziemlich eindeutig: „ Er [Leonardo] schätzte freies Denken mehr als die christlichen Dogmen." Vielleicht war Leonardo sogar Mitglied eines Geheimbundes, der sein Wissen nur Eingeweihten preisgab. Dan Brown und andere behaupten, dass Leonardo Großmeister der Bruderschaft vom Berg Zion war und von dort sein Wissen über die Geheimnisse um Jesus und Maria Magdalena bezogen habe. Die Autoren bleiben allerdings die Beweise schuldig. Woher Leonardo sein Wissen tatsächlich bezog, ist bis heute ein Rätsel geblieben. Vieles davon konnte und durfte er nur heimlich preisgeben, codiert in seinen Bildern, als allegorische Darstellung oder Wortspiel im Bild. Aus seinen Entwürfen und Studien werden wir nicht schlau. Seine Aufzeichnungen sind ein schwer zu knackender Code. Er schrieb in Spiegelschrift und fasste zusätzlich sämtliche Zahlenangaben in Worte und Gleichnisse. Leonardo ist uns bis heute rätselhaft geblieben. Viele haben sich an der Entschlüsselung versucht, den Code knacken aber konnte noch niemand.

DIE „ITALIENISCHE" MINORITENKIRCHE – TEMPEL DER EINGEWEIHTEN?

Eine der ältesten Kirchen Wiens, die Minoritenkirche in der Nähe der Hofburg, hält einen Schatz von Weltruf verborgen: Eine dem Original getreu nachgebildete Kopie von Leonardo da Vincis „Letztem Abendmahl". Seinetwegen reisen Kunsthistoriker aus der ganzen Welt nach Wien und studieren das Mosaik. Den Wienern ist ihr Schatz zum Großteil unbekannt, von seiner Bedeutung wissen nur wenige.

Über ihre Baugeschichte berichtet die Kirchenchronik der Minoritenkirche Folgendes:

Der Babenberger Herzog Leopold VI. (1176–1230) befand sich 1219 auf dem Rückweg vom Jerusalemer Kreuzzug nach Wien. In Assisi begegnete er dem Hl. Franziskus und seinen „Minderen Brüdern". Er bat sie, nach Wien zu kommen und ein Kloster zu errichten. Im Jahr 1224 trafen vier Minoritenbrüder in Wien ein. Der Herzog schenkte ihnen nahe der Stadtmauer ein Grundstück, auf dem sie mit dem Bau einer Kirche begannen.

Diese und der Konvent der Minoriten wurden im Jahr 1250 fertig gestellt. Sie ist eine der ältesten gotischen Kirchen Ostösterreichs. Der Baumeister ist unbekannt, allerdings wird in einer barocken Chronik der Name Hans Schimpffenpfeil erwähnt. Vielleicht hat er sich als Figur an der Südfassade neben dem Turm selbst dargestellt? In der Bauhüttentradition der Gotik war es üblich, dass der Baumeister sein Zeichen und manchmal auch sein Portrait am Bauwerk anbrachte.

Bis 1783 versahen die Minoriten ihren seelsorgerischen Dienst. Dann verfügte Kaiser Joseph II. die Schließung des Konvents und die Über-

siedlung der Ordensbrüder in das Wiener Trinitarierkloster. Die Kirche selbst schenkte er der „Italienischen Nation".
Während der französischen Besatzungszeit 1809 diente die Kirche den Soldaten Napoleons als Lagerraum und Stall. Das Klostergebäude wurde Ende des 19. Jahrhunderts abgebrochen. Erst im Jahr 1957 bekamen die Minoriten die Kirche wieder zurück und so blieb sie bis heute die italienische Nationalkirche in Wien.

Der Hochaltar „Maria Schnee" des Freimaurers und Rosenkreuzers Hohenberg

In den Jahren 1784–88 regotisierte der Wiener Architekt Johann Ferdinand Hetzendorf von Hohenberg (1733–1816) die Minoritenkirche. Wie aus Dokumenten der Zeit hervorgeht, war Hohenberg Freimaurer und Rosenkreuzer und wurde vom Staatskanzler Maria Theresias, Wenzel Anton Graf Kaunitz, einem hochrangigen Logenbruder, protegiert, sodass er 1765 die baukünstlerische Leitung von Schloss- und Gartenanlage Schönbrunn übertragen bekam. Dort vollbrachte er sein „opus magnum", den Ausbau des Barockgartens zu einem Freimaurer-Landschaftstempel. Die sogenannte römische Ruine, die Gloriette und der Obelisk tragen verschlüsselt oder unter Hieroglyphen versteckt Freimaurer- und sogar Illuminatenzeichen. Hohenberg war hauptsächlich für seine Logenbrüder tätig. So gestaltete er mehrere Gartenlandschaften der Fürsten im Umkreis von Wien nach Freimaurer-, Rosenkreuzer- und Illumiaten-Gedankengut; unter anderem den Park des Seifenfabrikanten Friedrich von Braun in Schönau bei Baden, der als Freimaurer einen ägyptisierenden Tempel für die „Königin der Nacht" – angeregt von Wolfgang Amadeus Mozarts „Zauberflöte" – bauen ließ. Von seinem

Das Metastasio-Denkmal in der Minoritenkirche mit Salieri, Mozart und Haydn – alle drei Komponisten waren Mitglieder der Wiener Freimaurerlogen.

Ein „Tempel der Eingeweihten“: die „italienische“ Minoritenkirche in Wien.

dankbaren Mäzen soll Hohenberg dafür einen goldenen Zirkel (ein typisches Freimaurersymbol) erhalten haben, wie uns die Chronik von Schloss Schönau erzählt.

Ein Freimaurer-Denkmal für die Musiker der Wiener Klassik

Ein weiteres Kunstwerk im Kircheninneren sollte Beachtung finden: das Denkmal für den italienischen Dichter, Komponisten und Librettisten Pietro Metastasio. Es wurde 1855 zur Erinnerung an den römischen Dichter errichtet, der es in Wien zum „Kaiserlichen Hof-Poeten" – so sein offizieller Titel – brachte. Er selbst ist nicht in der Minoritenkirche, sondern in der Michaelergruft bestattet. Metastasio wohnte viele Jahre bis zu seinem Tod im Michaelerhaus am Kohlmarkt.
Im Mittelrelief des Denkmals dargestellt, segnet Papst Pius IV. 1782 den sterbenden Dichter; hinter ihm stehen die Komponisten Antonio Salieri und Wolfgang Amadeus Mozart, daneben Joseph Haydn. Sämtliche hier aufgereihten Musiker waren Mitglieder der Wiener Freimaurerlogen.

Tipp

MINORITENKIRCHE (Wien 1, Minoritenplatz, U3 Station Herrengasse)
Öffnungszeiten Winterzeit tägl. 8–16 Uhr, SA bis 17 Uhr,
Sommerzeit 8–18 Uhr, SA bis 17 Uhr.
Messe: SA 17–18 Uhr, SO 8–9 + 11–12 Uhr
Schönste Krippe Wiens mit mechanisch bewegten Figuren und Wasserspiel: Advent bis 6. Januar.
Abendmahlmosaik – originalgetreue Kopie des Mailänder Kunstwerks von Leonardo da Vinci

DAS WIENER „ABENDMAHL" – BESSER ALS DAS ORIGINAL

Kaum ein Gemälde hat die Menschheit so beschäftigt, kein anderes – abgesehen von Leonardos „Mona Lisa" – ist so oft Gegenstand von Deutungen und Interpretationen geworden wie „Das letzte Abendmahl". „Il Cenacolo", so der eigentliche Name, gilt als Höhepunkt in Leonardos malerischem Schaffen und als Meilenstein der Renaissancemalerei. Dieses Meisterwerk aus den Jahren 1495–97 malte er für das Refektorium des Dominikanerklosters Santa Maria delle Grazie in Mailand. Das Bild zeigt Jesus mit den zwölf Aposteln in jenem Augenblick, als er ihnen offenbart: „Einer von euch wird mich verraten." Auf Grund seiner korrekt wiedergegebenen perspektivischen Tiefe übte es bahnbrechenden Einfluss auf die gesamte Malerei Europas aus. Leider ist das

Original stark verblasst und im Zweiten Weltkrieg beschädigt worden. Das Gemälde wurde bereits mehrfach restauriert und ist seit seiner jüngsten Restaurierung 1999 unter strengste Bewachung und Schutz gestellt. So dürfen nur 100 Besucher pro Stunde etappenweise in einem Glastunnel am Gemälde vorbeiziehen und es für ungefähr zehn Minuten betrachten.

Das Wiener Mosaik – die weltweit einzige originalgetreue Kopie

In Wien befindet sich eine Sensation, die größtenteils unbekannt ist: eine Mosaik-Kopie von Leonardo da Vincis Meisterwerk „Das Letzte Abendmahl" – in den Originaldimensionen. Mit Rahmen misst das Bild 4,47 x 9,18 Meter, besteht aus zwölf Platten mit jeweils 10.000 Mosaiksteinchen und wiegt zwanzig Tonnen. Es ist die weltweit einzige Abendmahl-Kopie in Originalgröße und ziert die Nordwand der Wiener Minoritenkirche.

Napoleon soll 1805 das Bild in Mailand gesehen haben und seine Demontage zum Zweck des Transfers nach Paris befohlen haben. Da sich aber ein Fresco nicht so leicht ablösen lässt, gab er eine Kopie in Auftrag, die dann nach Paris gebracht werden sollte.

Der renommierte römische Künstler Giacomo Raffaelli übernahm 1806 die Aufgabe. Hunderttausende Glas-Mosaiksteinchen, die nur ein paar Millimeter groß sind, baute er ohne Zwischenräume aneinander. Als das Meisterwerk 1814 vollendet war, befand sich der Kaiser der Franzosen in der Verbannung und konnte das Bild nicht mehr in Besitz nehmen. Sein Schwiegersohn Kaiser Franz I. von Österreich (1768–1835) erwarb das gigantische Mosaik und wollte es im Schloss Belvedere anbringen lassen. Aber dafür erwies es sich als zu groß. So schenkte er es den Minoriten, in deren Kirche das Monumentalmosaik seither zu bewundern ist.

Nicht nur, dass es eine Original-Kopie in Größe, Darstellung und Farbe ist, es wurde auch genauso aufgehängt wie das Original in Mailand: mit dem tatsächlichen Lichteinfall durch die Kirchenfenster von links. Das deckt sich mit dem Lichteinfall, den Leonardo im Original genauso dargestellt hat: Jesus und die Apostel von vorne beleuchtend, den Lichtstrahl auf Jesus Kopf zentriert.

Die Farben sind besser erhalten als auf dem Mailänder Original

Leonardo hat mit den Farben für die Seccotechnik experimentiert, aber leider einen Fehlgriff getan. Bereits wenige Jahre nach Vollendung des Gemäldes verblassten die Farben. Aus diesem Grund hat man es seit dem 17. Jahrhundert mehrmals restauriert, aber vielfach mehr gescha-

Das Original: Leonardo da Vincis „Letztes Abendmahl". (Foto Chris Norman)

det als genützt. Laut dem Wiener Kunsthistoriker Artur Rosenauer halten Da Vinci-Kenner das Wiener Mosaik für einmalig: Es sei besser erhalten und leuchtender in den Farben als inzwischen das Original.

Jesu Füße nur in Wien

Noch eine Sensation kann das Wiener Mosaik bieten, ein Detail, welches auf Leonardos Original nicht mehr zu sehen ist: die Füße von Jesus Christus unter dem Abendmahltisch. Im Refektorium des Mailänder Klosters Santa Maria delle Grazie wurde genau an dieser Stelle eine Tür eingebaut. Somit ist die 200 Jahre alte Wiener Kopie dem Original näher als das Original selbst, nach all den Veränderungen und Beschädigungen, denen es im Lauf der Zeit ausgesetzt war.

DIE VIER DA VINCI CODES

Ob Leonardo – wissentlich oder unwissentlich – geheime oder sogar häretische Inhalte in seinem Werk verarbeitet hat, ist nicht bekannt. Aufzeichnungen darüber hat er uns nicht hinterlassen, allerdings seine Überlegungen zur Darstellung der Charaktere der zwölf Apostel und der Abendmahlszene. Warum dann aber der berühmte Abendmahlkelch fehlt, ist wiederum ein Rätsel. Vier Codes, also verschlüsselte Botschaften, sollen nach Ansicht vieler Forscher in diesem Gemälde versteckt sein:

1. Der vermeintliche Jünger Johannes ist in Wahrheit Maria Magdalena und diese sei der personifizierte Gral.
2. Die zwölf Apostel symbolisieren die zwölf Sternzeichen. Leonardo selbst sei Thaddäus als Sternzeichen Stier.
3. Die Brotlaibe auf dem Abendmahltisch und die Hände der Apostel stellen vermutlich Musiknoten dar, deren Melodie eine feierliche Hymne ergibt.
4. Die Zentral-Perspektive des Bildes fokussiert in der Schläfe von Jesus. Darin könnte Leonardo ein Wortspiel versteckt haben.

Versteckte Hinweise im „Abendmahl“?

Leonardo da Vinci stellt Jesus und die zwölf Apostel beim letzten Abendmahl dar, in jener Szene, in der dieser ihnen den späteren Verrat an ihm offenbart. Die Apostel sind entsetzt, sie gestikulieren heftig, außer einem, der neben Jesus sitzende Johannes. Er scheint still und in sich gekehrt zu trauern.

Der Tisch und die Apostel sind im Bildvordergrund angeordnet. Dahinter verengt sich der Raum zu dem dreiteiligen Fenster, welches die scheinbare Lichtquelle darstellt. Das Licht, das die Szene ausleuchtet, kommt jedoch nicht aus dem gemalten Fenster, sondern schräg von links wie das wirkliche Licht, das durch Fenster an der linken Wand

Weltweit die einzige Kopie in Originalgröße: das „Letzte Abendmahl“ als Mosaikbild von Raffaelli in der Minoritenkirche, 1814.

einfällt, in der Minoritenkirche wie auch im Mailänder Kloster-Refektorium.
In Leonardos eigenen Aufzeichnungen findet sich die Beschreibung über die unterschiedliche Haltung der Jünger. Im berühmten Forster-II-Kodex – heute im Londoner Victoria and Albert Museum – beschreibt Leonardo die Szene: „Einer, der gerade getrunken hat, setzt seinen Becher ab und dreht seinen Kopf zum Sprecher. Ein anderer verschränkt die Finger und wendet sich stirnrunzelnd seinem Kumpan zu…" So versammelt Leonardo die Apostel in Dreiergruppen, die auf unterschiedliche Weise auf Jesu Enthüllung „Einer von euch wird mich verraten" reagieren.

Der Heilige Gral im „Abendmahl"

In Leonardos Gemälde fehlt der Kelch, den Jesus anlässlich des letzten Abendmahls mit den Aposteln benützt hat. Dieses Fehlen des Kelches interpretieren einige Autoren, darunter Dan Brown oder Lincoln/Baigent/Leigh, als bewusste Weglassung. Wollte Leonardo damit ein Geheimnis andeuten?
Um dieses Gefäß, den Gral, ranken sich viele Legenden. Sowohl seine Herkunft als auch sein Verbleib sind unbekannt. Niemand weiß, ob er ein Trinkgefäß, eine Schale oder etwas ganz anderes gewesen ist. Er soll von der Abendmahltafel gestohlen, zu Pilatus gebracht und von diesem an Josef von Arimathea weiter gegeben worden sein. Diese Version der Legende verfolgt den Weg des Grals bis nach Glastonbury in England. Die erwähnten Autoren vertreten eine ganz andere, gewagtere These. Sie entschlüsseln die erstmals in Frankreich des 12. Jahrhunderts auftauchende Bezeichnung für den Abendmahlkelch „San Gral" als „Sang real", also als „sanguis regalis" (königliches Blut). In diesem Begriff sehen sie einen Hinweis auf das königliche Geblüt Jesu und seiner Nachfahren aus der Verbindung mit der Frau, „die er am meisten liebte", wie es im Evangelium heißt, mit Maria Magdalena.

Code Nr. 1: Johannes oder Maria Magdalena? Wo ist der Gral?

Wäre es möglich, dass Leonardo in seinem Gemälde diese Bedeutung des Begriffs „San Gral" als „Sang real – königliches Blut" dargestellt hat? Zwischen Jesus und der rechts von ihm sitzenden Person klafft ein auffälliger V-Spalt, einem Dreieck gleich. Das mit der Spitze nach unten zeigende Dreieck gilt als Mutterschoß des Göttlich-Weiblichen. Ein Dreieck mit der Spitze nach oben steht für das männliche Prinzip. Leonardo stellt Jesus mit den ausgestreckten Armen als symbolisches Dreieck dar. In der Ikonographie der Renaissance wurde das Männliche heraldisch rechts und das Weibliche links dargestellt. Der Jünger Johannes zeigt – entgegen seiner Sitzrichtung – seine weibliche Seite. Auch die gegengleichen Farben der Kleidung ergeben einen Hinweis. Sie ergänzen einander wie das Männliche und das Weibliche. Der Apostel Johannes wäre dann in Wirklichkeit die schwangere Maria Magdalena, der Heilige Gral, das Gefäß, welches das Blut Jesu in sich trägt! So habe Leonardo da Vinci „codiert" dieses Geheimnis der Nachwelt mitgeteilt – daher der englische Originaltitel „The Da Vinci Code".

Wo ist Johannes?

Wenn also die Person rechts von Jesus tatsächlich Maria Magdalena sein sollte, wo ist dann der Jünger Johannes?
Bibelforscher können weder in der Bibel noch in den außerbiblischen Schriften einen klaren Hinweis auf eine Ehefrau Jesu bzw. die Anwesenheit von Maria Magdalena beim letzten Abendmahl finden. Auch Leonardo selbst schreibt angeblich nichts in seinen Aufzeichnungen darüber, warum er den Lieblingsjünger Johannes allzu weiblich aussehen lässt.
Johannes sitzt an Jesu rechter Seite. Der Lieblingsjünger Jesu, immer als bartloser Knabe dargestellt, nimmt eine neutrale Haltung ein.
Johannes' Gesichtszüge sind feminin, seine Haare, sein weiches, bartloses Gesicht, seine Haltung gibt durchaus Anlass zu einer Deutung als weiblicher Apostel. Nur, wo wäre dann Johannes? War er beim Abendmahl nicht zugegen? Hat Leonardo ihn gar vergessen?
„Gewisse weiche und weibliche" Züge sieht Artur Rosenauer, Professor am Wiener Institut für Kunstgeschichte, sehr wohl an Leonardos

Der auffällige V-Spalt.

Johannes-Figur. „Da Vinci war homosexuell – da gibt es kaum einen Zweifel", erklärt er in einem Interview anlässlich der Filmpremiere von „The Da Vinci Code". Um eine Frau könne es sich aber unmöglich handeln: „Das wäre an der Wand eines Klosters völlig unangebracht gewesen. Man darf ja nicht vergessen: Es war eine Auftragsarbeit, für die er bezahlt wurde." Leonardos homoerotische Neigung könnte durchaus in seinen Gemälden Niederschlag gefunden haben. Immer wieder engagierte er Knaben als Modelle und einige davon wurden seine Schüler, Diener und Liebhaber. Zur Zeit der Entstehung des Abendmahlbildes 1495–97 war sein damaliger „Schüler" Salai 15 bis 17 Jahre alt. Ihn hat Leonardo jedoch nicht im Apostel Johannes verewigt. Das Rätsel bleibt ungelöst: ist nun Johannes oder doch Maria Magdalena dargestellt?

Wo ist der Kelch?

Auf Leonardos Gemälde fehlt der Kelch. Eine merkwürdige Darstellung der Tafelszene, ist doch der Kelch eines der zentralen Elemente des Abendmahls. Gibt Leonardo damit einen Hinweis, dass mit dem Gral kein Gefäß, sondern ein Mensch gemeint sein könnte?
Ist der auffällig große V-Spalt zwischen Johannes und Jesus ein Gralszeichen? Der Oberteil eines Kelches? Da ein Kelch aber nicht vollständig ist ohne Fuß, so müsse Jesus, den man in der geometrischen Figur eines spitz nach oben weisenden Dreiecks sehen kann, der Kelchfuß sein. Jesus stützt in dieser Auslegung Maria Magdalena. Beide zusammen bilden den Gral, Maria Magdalena den Kelch und Jesus den Fuß.
Der Leipziger Kunsthistoriker und Leonardo-Forscher Franz Zöllner hat in der „Zeit" entgegnet, dass sich die ungewöhnlichen Lücken des Gemäldes „aus dem simplen Umstand erklären, dass Leonardo die emotionsgeladene Reaktion der Jünger auf die Verrats-Ankündigung Christi möglichst expressiv darzustellen versuchte: ‚Einer von euch wird mich verraten.' Dadurch zerfallen die Jünger in Gruppen, und so entstehen Lücken zwischen den Figuren." Der Leipziger Professor unterstreicht weiter, dass zu Leonardos Zeiten im „Abendmahl" eine Maria Magdalena nicht unterzubringen war – die künstlerische Freiheit war nicht gegeben. „Der feminin wirkende Johannes hingegen ist nicht ungewöhnlich, er wurde oft als besonders junger, bartloser und daher weiblich anmutender Typ dargestellt."

Wessen Hand hält das Messer?

Es könnte Petrus Hand sein, die als Drohgebärde ein Messer zückt. Eine Drohung? Gegen wen gerichtet? Gegen Johannes sicher nicht, der frei von jedem Verdacht als Verräter ausscheidet. Gegen einen möglicherweise weiblichen Apostel, gegen die Frau an Jesu Seite?

Wessen Hand hält das Messer? Gegen wen richtet sich die Drohung? – Fragen, die offen bleiben.

Diese in ihrer Größe und Perspektive falsch gemalte Hand ist Gegenstand von Interpretationen, weil ein Fehler Leonardos auszuschließen ist.
Aus der Bibel lässt sich herauslesen, dass Petrus Maria Magdalena nicht eben wohlwollend gesinnt war. Er tadelt Jesus wegen der offensichtlichen Bevorzugung dieser Frau, die dem Heiland offenbar näher stand als die Apostel, insbesondere Petrus selbst.
Absicht oder Zufall? Was steckt dahinter?

Code Nr. 2: Die zwölf Apostel und ihre Sternzeichen

Die Astrologie könnte weitere Indizien zur Aufklärung der Frage „Johannes oder Maria Magdalena" liefern. Mehrere Autoren haben sich mit einer astrologischen Zuordnung der zwölf Apostel befasst und kommen zu durchaus unterschiedlichen Ergebnissen.
Der österreichische Mythenforscher Erich von Beckerath (1891–1981) analysiert in seinem Werk „Geheimsprache der Bilder" Leonardos Abendmahl ebenfalls nach astrologischen Gesichtspunkten. Für ihn besteht kein Zweifel, dass Leonardo nicht nur Maler, Ingenieur und Erfinder, sondern auch Astrologe war. Es wäre sogar undenkbar, dass ein Universalgelehrter wie Leonardo nicht Astronomie und Astrologie studiert hätte. Leonardos Einteilung der Apostel entspricht der Elementelehre und die zwölf Apostel sind eindeutig den zwölf Tierkreiszeichen zugeordnet.

Welcher Apostel steht für welches Tierkreiszeichen? Wo beginnt die Zählung?

Nach Beckerath beginnt die Zählung rechts vom Betrachter aus gesehen und geht nach links, weil die Sprache der Apostel Hebräisch/Aramäisch war und diese von rechts nach links gelesen wird. Das astronomische Jahr beginnt im Frühlingspunkt mit dem Sternzeichen Widder. Demnach wäre der erste Apostel ganz rechts dem Widder zugeordnet und der letzte Apostel ganz links dem Sternzeichen Fische.
Von rechts nach links gelesen ergibt sich folgende Anordnung: Simon (Widder), Thaddäus (Stier), Matthäus (Zwillinge); Philippus (Krebs), Jakobus d. Ältere (Löwe), Thomas (Jungfrau); Johannes (Waage), Judas (Skorpion), Petrus (Schütze); Andreas (Steinbock), Jakobus d. Jüngere (Wassermann), Bartholomäus (Fische).
Im Zentrum des Bildes, zwischen Jungfrau und Waage, sitzt Christus, auf den alle Perspektivlinien im Gemälde hinführen. Er verkörpert die Sonne, das Zentrum unseres Kosmos. In diesem Sinne ist das Abendmahlbild eine astrologische Darstellung. Die Charaktereigenschaften der zwölf Sternzeichen sind in den zwölf Aposteln dargestellt, wobei der Code aber erst über Leonardos Selbstportrait entschlüsselt werden kann.

Mit dieser Zuordnung kann dreierlei erklärt werden:

1. Warum ist der Jünger Johannes auffallend weiblich dargestellt? Er ist dem Zeichen Waage zugeordnet, das vom weiblichsten aller Planeten beherrscht wird, von der Venus. Johannes als Waage wirkt ausgeglichen, in Harmonie. Oder ist es doch eine Frau, Maria Magdalena, die als Venus dargestellt wird?
2. Neben Johannes sitzt Judas, der folgerichtig dem Zeichen Skorpion zugeordnet ist. Dieses Zeichen steht für Leben und Tod, für Mystik und Geheimnistuerei, für Idealismus, aber auch für Verrat – zum Charakter des Judas passend.
3. Hat sich Leonardo selbst im Abendmahl verewigt? Das wäre nicht ungewöhnlich für einen Maler der Renaissance. Er wäre demnach der zweite von rechts, der Apostel Thaddäus, neben dem Widder, also Stier.

Leonardo wurde am 15. April 1452 im Sternzeichen Stier geboren. Heute fällt der 15. April jedoch in das Sternzeichen Widder (21.3.–20.4.), wie Astrologen sofort anmerken würden. Aus der immer größer werdenden Abweichung des Kalenders vom tatsächlichen Sonnenjahr erwuchs die Notwendigkeit einer Kalenderreform, die im Jahr 1582 durchgeführt wurde. Man addierte die zehn fehlenden Tage, wodurch der 15. April zum 25. April wird und somit auch in unserem heutigen Kalender in das Sternzeichen Stier (21.4.–21.5.) fällt. Im Apostel Thaddäus, der nach Beckerath das Sternzeichen Stier darstellt, sehen manche Leonardo-

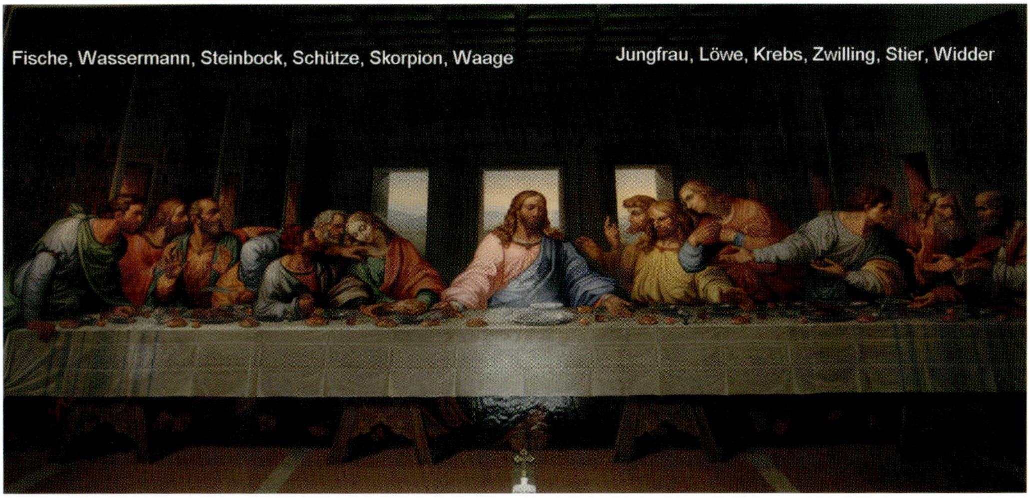

Die 12 Apostel und ihre Sternzeichen.

experten ein Selbstportrait des greisen Malers. Er sieht ihm in der Tat verblüffend ähnlich.

Beckerath führt weiter aus, dass Leonardo die Apostel nicht nur den Tierkreiszeichen zuordnet, sondern auch den Elementen und Temperamenten. Angeordnet werden sie in vier Dreiergruppen. Das entspricht den vier Trigonen, den vier Temperamenten (cholerisch, melancholisch, phlegmatisch, sanguinisch) und den vier Jahreszeiten.

Leonardo selbst schreibt über die Darstellung der Apostel: „Also hier in zwölf ganzen Figuren wird dir die Kosmographie der kleinen Welt (Mikrokosmos) vorgeführt, nach derselben Ordnung, die vor mir Ptolemäus in seiner Kosmographie verwendet hat. Und so werde ich dann jene in Glieder teilen, so wie er das (Erd-)Ganze in Provinzen teilte. Dann werde ich die Verrichtung aller Teile in jeder Hinsicht zeigen, indem ich dir die Aufnotierung der ganzen Gestalt und das Vermögen des Menschen in Bezug auf Ortsbewegung vermittels seiner Teile vor Augen stelle. Und so gefalle es unserem Schöpfer, dass ich die Natur der Menschen in der Art darzustellen vermöge, wie ich ihre Figur beschreibe."

Code Nr. 3: Ein hintergründiges Wortspiel?

Die letzte Renovierung des Abendmahl-Gemäldes in Mailand im Jahr 1988 förderte eine Überraschung zu Tage. Man fand das Nagelloch in der Schläfe von Jesus, von wo aus Leonardo die Schnüre für den perspektivisch-kompositorischen Bildaufbau spannte.

Damit war bewiesen, was man schon länger vermutet hatte, nämlich dass Leonardo eine exakt berechnete Zentralperspektive anwandte. Allerdings ist der Bildmittelpunkt nicht, wie bei seiner „Proportions-

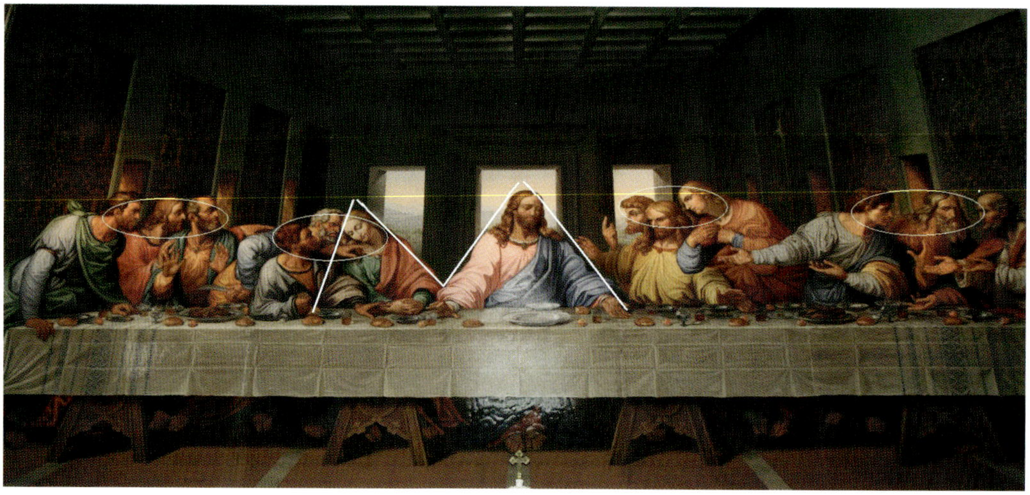

Der rätselhafte Mittelpunkt des Gemäldes: die Schläfe von Jesus Christus.

Der Buchstabe M in der Bildmitte – ein Zeichen für Maria Magdalena?

studie nach Vitruv", der Nabel des Menschen, auch nicht Jesu Stirn, sondern dessen rechte Schläfe. Diese Wahl ist ungewöhnlich. Bei keinem seiner Bilder hat Leonardo die Schläfe einer Person als Bildmittelpunkt genommen. Warum er dies ausgerechnet im „Abendmahl" tat, gibt den Kunsthistorikern Rätsel auf.

Die Zentralperspektive – ein Versuchsaufbau in Wien

In Wien haben David Sayn und Christoph Rahofer während ihrer Leonardo-Ausstellung in der Minoritenkirche im Jahr 2006 den Versuch gemacht, den sogenannten „Augpunkt" zu errechnen und mittels Leiterpodest nachzustellen, d. h. jene Distanz zum Mittelpunkt des Bildes zu finden, von wo aus man alles richtig perspektivisch sieht. Der Augpunkt ist tatsächlich die Schläfe von Jesus, wie der Versuchsaufbau

Leonardos Spiegelschrift im Codex Trivulzianus, Castello Sforza.

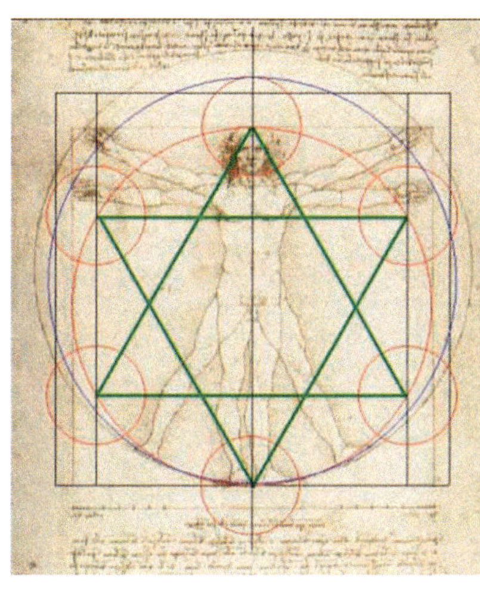

Leonardo da Vinci: Proportionsstudie nach Vitruv 1492 (Feder und Tinte, Galleria dell' Accademia, Venedig).

bewiesen hat. Damit ist belegt, dass Leonardo sie ganz bewusst als zentralen Punkt des Bildes und der Handlung festgelegt hat.
Die Bedeutung? Sie bleibt uns leider verborgen. Könnte es sein, dass auch darin eine versteckte Botschaft zu finden ist? Soll hier ein Wortspiel, nämlich der phonetische Gleichklang der beiden Ausdrücke für Schläfe und Tempel – im Italienischen *tempia* und *tempio* – bildlich dargestellt werden? Steckt eine tiefere Bedeutung dahinter? Wenn ja, welche? Im Lateinischen hat *tempus* sogar eine Doppelbedeutung, sowohl „Schläfe" als auch „Zeit". Auch im Englischen gibt es eine Doppelbedeutung, Schläfe und Tempel. Vielleicht hat Leonardo ein Wortspiel verschlüsselt,

in dem es nicht um Christis Schläfe geht, sondern Christus als heiliger Tempel gemeint ist? Wenn Jesus der Tempel ist, könnte die neben ihm sitzendende Person Maria Magdalena, der Heilige Gral sein?
Leonardo erfand Rätsel, schrieb in Spiegelschrift, codierte Zahl- und Maßangaben in Worte. Er lernte sogar Vokabel aus dem Lateinischen und übersetzte sie ins Italienische unter Erfindung neuer Wortbedeutungen. Leonardos Vokabeltraining und seine Wortspiele in Spiegelschrift sind noch nach 520 Jahren in seinen eigenen Aufzeichnungen zu lesen. 8000 lateinische Vokabel und ihre italienische Bedeutung sind auf etlichen Seiten des 55 Blatt umfassenden „Codex Trivulzianus" erhalten. Dieses Dokument ist in der Bibliothek des Castello Sforzesco in Mailand aufbewahrt und normalerweise nicht öffentlich ausgestellt. Der Erfolg des Romans und Films „The Da Vinci Code" hat allerdings dazu beigetragen, dass der Codex jetzt zu besichtigen ist.

Code Nr. 4:
Der musikalische Code im „Letzten Abendmahl"

Leonardos Abendmahl enthält eine Geheimmusik, im Bild versteckte Noten, die eine himmlische Melodie ergeben. Diese völlig überraschende Entdeckung machte der italienische Musiker und Computerfachmann Giovanni Maria Pala im Jahr 2007 und publizierte sie in seinem Buch „La musica celata" („Die verborgene Musik").
Gemeinsam mit seiner Frau, einer Kunstexpertin, meint er hinter Leonardos Geheimnis gekommen zu sein und den wirklichen Da Vinci Code geknackt zu haben.
Er entdeckte die Musiknoten in den runden Brotlaiben und den Händen der Apostel. Das Tischtuch der Abendmahltafel ergibt sozusagen ein Notenblatt. Pala spiegelte es, da Leonardo ja in Spiegelschrift

Der musikalische Code im „Letzten Abendmahl" (Zeichnung G. Lukacs nach G. M. Pala, „La musica celata").

schrieb, und spielte die Noten auf der Orgel, dem bevorzugten Instrument für sakrale Musik.
Was er zu hören bekam, war eine 40 Sekunden andauernde Sequenz einer himmlischen Melodie, ein feierliches Adagio, ähnlich einer Hymne – zur Stimmung des letzten Abendmahls passend. Es sind Moll-Akkorde und neun Terzen, welche die als Noten gelesenen Brotlaibe und Hände ergeben. Eine Melodie zu erkennen, gelang Pala erst nach vielen Versuchen. Vier Jahre lang tüftelte er an der Entschlüsselung, bis er mit seiner Entdeckung an die Öffentlichkeit trat. Heute ist er fest davon überzeugt, dass Leonardo Noten, ja sogar eine göttliche Melodie im Abendmahl verborgen hat.
Die Fachwelt hat Palas Entdeckung natürlich mit Skepsis aufgenommen, musste aber mittlerweile anerkennen, dass die theoretische Möglichkeit einer im Abendmahl-Gemälde versteckten Melodie durchaus realistisch ist. Einzelne Renaissance-Komponisten haben bereits im heutigen Notensystem geschrieben. Der Kunsthistoriker Alessandro Vezzosi hält Palas Erkenntnisse für plausibel. Vezzosi verwies darauf, dass Leonardo Musikinstrumente entworfen und in seinen Schriften musikalische Rätsel versteckt hatte, die von rechts nach links gelesen werden mussten.
Pala machte noch eine weitere Entdeckung. Die Verbindung der Noten ergibt – wieder von rechts nach links geschrieben – aramäische Buchstaben. Luigi Orlando, ein italienischer Bibelwissenschaftler, erkennt darin eine durchaus sinnvolle Konsonantenreihe. Übersetzt würde sie heißen: „Weihe und Ruhm durch Ihn“, eine „Hymne an Gott“, die auf Leonardos Religiosität ein neues Licht werfen könnte.
Pala hat tatsächlich einen neuen Da Vinci Code entdeckt. Seine Erkenntnisse hat er in einem Buch veröffentlicht, welches seit seinem Erscheinen 2007 in mehrere Sprachen übersetzt worden ist. Die Zugriffe auf seine Webseite gehen in die Hunderttausende. Dort kann man auch die von Pala entschlüsselte Musiksequenz hören.

Tipp

Giovanni Maria Pala: La musica celata. 2007 Buch und CD

MOZART, HAYDN &

MARIA MAGDALENA
und die Blutlinie

DER MARIA-MAGDALENA-MYTHOS

Vorhergehende Doppelseite: Die Umrisse der Maria- Magdalena-Kirche auf dem Stephansplatz.

Der Festtag der Maria Magdalena ist der 22. Juli. Eine Bauernregel für diesen Tag besagt: „An Magdalena regnet's gern, denn sie weinte um den Herrn."

Die Maria-Magdalena-Attribute sind:
- roter Mantel – blaues Kleid,
- lange Haare, weil sie Christus Füße mit ihren Tränen benetzte und mit ihren Haaren trocknete,
- Salbgefäß, weil sie Christus salbte (*Christos,* griech. „der Gesalbte")
- Schädel als Symbol für Golgatha, die Schädelstätte, wo Christus gekreuzigt wurde.

Sie ist die Patronin der Frauen, der reuigen Sünderinnen, der Verführten und zahlreicher Berufe wie Salbenhersteller oder Prostituierte.

Wer war Maria Magdalena?

Die urchristlichen Überlieferungen über Maria Magdalena sind spärlich. Biografische Daten zu ihrer Person lassen sich kaum noch rekonstruieren. Trotzdem lässt sich noch einiges über ihre Stellung in der Jesusbewegung und in den frühchristlichen Gemeinden aus den Quellen herauslesen. In den Evangelien nimmt sie eine Sonderstellung in der Urgemeinde ein. Sie muss verstanden werden als Jüngerin Jesu, die ihn auf seinem Weg begleitete, als Auferstehungszeugin und als apostolische Autorität. In den gnostischen und apokryphen Quellen (das sind solche, die nicht der offiziellen Bibel angehören) nimmt Maria Magdalena ebenfalls eine Sonderstellung ein.

Der Anhängerkreis Jesu war größer als die uns bekannten zwölf Apostel. Er umfasste auch Frauen, unter denen Maria Magdalena offenbar eine besondere Stellung hatte. Sie sorgte zusammen mit anderen Frauen für Jesu Lebensunterhalt (Lk 8,3). Mit Jesus und den Jüngern zog auch Maria Magdalena nach Jerusalem. Sie war bei der Kreuzigung und dem Sterben Jesu dabei (Mt 27, 55–56). Anschließend salbte sie seinen Leichnam, weshalb sie oft mit dem Salbgefäß unter dem Kreuz stehend dargestellt wird.

Das Evangelium der Maria (manchmal auch Evangelium der Maria Magdalena genannt) gehört zu den Apokryphen des Neuen Testaments. Dieses Schriftstück soll etwa 160 n. Chr. entstanden sein. Bei der Maria, die dem Evangelium den Namen gegeben hat, handelt es sich vermutlich um Maria Magdalena. Da im Text jedoch nur allgemein von „Maria" die Rede ist, bleibt diese Zuordnung unsicher.

Das Evangelium besteht im ersten Teil aus Dialogen zwischen dem auferstandenen Jesus und seinen Jüngern und Jüngerinnen. Es enthält außerdem im zweiten Teil eine Vision Maria Magdalenas. Das Evange-

Die Vision der Maria Magdalena. Altarbild in der Augustinerkirche.

lium ist nicht vollständig erhalten. Ungefähr die Hälfte der insgesamt 18 Seiten umfassenden Schrift ist verloren.

Jüngerin oder Ehefrau Jesu?

In den Schriften der Rosenkreuzer-Mystik, einer Geheimgesellschaft aus dem 16. Jahrhundert, wird überliefert, dass Maria Magdalena die Gefährtin Jesu gewesen sei. In Südfrankreich glaubt man, dass sie Jesu Ehefrau und Mutter eines Kindes war. Alten Erzählungen nach sei sie dort in Begleitung von Martha, Lazarus und ihrer schwarzen Dienerin Sarah, nach abenteuerlicher Überfahrt von Jerusalem übers Meer, gelandet. Im Fischerdorf Saintes-Maries-de-la-Mer wird seit Jahrhunderten ihr Festtag mit Umzügen und Prozessionen begangen. Seit dem Jahr 790 wird sie ebendort verehrt und soll in der Kathedrale von Vezelay begraben sein.
Als Beweis, dass Maria Magdalena Jesus sehr nahe gestanden, ja eine Liebesbeziehung gehabt haben muss, wird das Philippusevangelium gerne herangezogen. Darin wird berichtet: „Und die Gefährtin des Erlösers war Maria Magdalena. Christus liebte sie mehr als seine Jünger und küsste sie oft auf den Mund. Die Jünger waren darüber erzürnt und verliehen ihrer Enttäuschung Ausdruck. Sie sprachen zu ihm: Warum liebst du sie mehr als uns?"
In der Bibel wird nirgends erwähnt, ob Jesus verheiratet war oder Nachkommen hatte. Diese Frage kann nicht eindeutig geklärt werden, solange

Wappen von Saintes-Maries-de-la-Mer in Südfrankreich. Die beiden Marien kamen, alten Legenden zufolge, von Jerusalem übers Meer nach Frankreich, wo Maria Magdalena das Kind Jesu geboren haben soll.

nicht weitere Schriften auftauchen. Von Bibelexperten erfahren wir, dass die Ehelosigkeit für Propheten oder Rabbiner zurzeit Jesu unter den Juden nicht üblich war. Im Gegenteil, zum gottgefälligen Leben zählten Ehe und Kinder. Sie zitieren dazu Paulus: „Wegen der Gefahr der Unzucht soll aber jeder seine Frau haben und jede soll ihren Mann haben. [...] Was die Frage der Ehelosigkeit angeht, so habe ich kein Gebot vom Herrn. Ich gebe euch nur einen Rat als einer, den der Herr durch sein Erbarmen vertrauenswürdig gemacht hat. Ich meine, es ist gut wegen der bevorstehenden Not, ja, es ist gut für den Menschen, so zu sein." (1 Kor. 7,25f)

Maria Magdalena – eine Sünderin, Schutzpatronin der Prostituierten?

Maria Magdalena wurde in der katholischen Tradition als Sündern dargestellt. Sie wird mit der „Sünderin, die zu viel geliebt hat" (Lk 7,36–50) identifiziert. Im Jahr 591 bestätigte Papst Gregor I., einer der vier großen Kirchenlehrer und Begründer der nach ihm benannten Sakralmusik, den Gregorianischen Chorälen, die Ansicht, dass alle drei biblischen Frauen mit dem Salbgefäß, nämlich Maria Magdalena, Maria von Bethanien und die reuige Sünderin, ein und dieselbe Person seien, nämlich Maria Magdalena, die er *peccatrix*, Sünderin, nannte. Die byzantinische Ostkirche und die Protestanten haben sich dieser Meinung nicht angeschlossen. Und auch die katholische Kirche scheint davon langsam abzurücken. Sie hat dieser Gleichsetzung 1969 offiziell widersprochen. Seither wird jene Textstelle, die Maria Magdalena als Sünderin bezeichnet, bei der Messfeier nicht mehr gelesen.

Maria Magdalena und die Zahl 11

Ein weiterer Aspekt bei der Betrachtung der Figur der Maria Magdalena ist interessant: die gematrische Aufschlüsselung ihres Namens und des Datums ihres Festtages.
Gematria, aus dem Hebräischen, ist die Kunst, Wörter als Zahlen zu lesen. Dabei werden Buchstaben nach unterschiedlichen Schlüsseln in ihre entsprechenden Zahlenwerte überführt. Aus den (addierten) Zahlwerten liest man neue Bedeutungen und Beziehungen heraus. Je nach Herkunft und Verwendung der Worte wird das hebräische oder das griechische Alphabet herangezogen.

Maria Magdalam:

- hat im hebräischen Alphabet den Zahlwert 371, Ziffernsumme 11
  (Maria=40+1+200+9+1=251 und
  Magdalam=40+1+3+4+1+30+1+40=120)

• im griechischen Alphabet den Zahlwert 272, Ziffernsumme 11

Der Name der Maria Magdalena als Ziffernsumme 11 findet sich in der Ziffernsumme ihres Festtages, dem 22. 7. = 11, wieder. Wie auch in der Ziffernsumme des ehemaligen Namensfestes am 19. 1., bevor es auf den 22. 7. verlegt wurde (lt. Kirchenkalender).
Die Zahl 11 bedeutet in der Zahlensymbolik die Überschreitung der 10, die Überhöhung, die Ausschweifung, die „Sünde".
In unserem Brauchtum ist die 11 als die Zahl der Sünde noch verankert: Der Karneval, die Zeit der Ausschweifungen, beginnt am 11.11. um 11.11 Uhr.
Die Zahl 11 wurde auch als symbolisches Datum für das Ende der Sünde gewählt: Das Ende des Ersten Weltkriegs wurde auf den 11.11. 11 Uhr festgelegt. Ab 11. November 1918 11 Uhr schwiegen die Waffen.
Mit dem Datum ihres Festtages, dem 22.7. und der daraus resultierenden 11 als Zahl der Sünde, ist Maria Magdalena als Sünderin für ewige Zeiten festgeschrieben.

Maria Magdalena und die Templer

Aus authentischen historischen Dokumenten konnten Experten die Ordensregel rekonstruieren, die der Zisterzienserabt Bernhard von Clairvaux für den Templerorden schuf. Darin empfahl er „den Gehorsam gegenüber Bethanien, der Burg von Maria und Martha", wie Karen Ralls schreibt. Bethanien war die Heimat der Geschwister Maria, Martha und Lazarus. Eine Maria aus Bethanien salbte Jesu Füße, wie wir aus der Bibel wissen. Ob es sich um Maria Magdalena handelt, darüber spekulieren die Theologen.
Die historischen Quellen belegen jedenfalls, dass die Templer Maria von Bethanien als Maria Magdalena hoch verehrten. Denn die Ordensregel verweist eindeutig auf den 22. Juli, den Festtag der Maria Magdalena, der in allen Ordenshäusern gefeiert werden sollte. Nach dem Ende der Templer erbten die Johanniter deren Güter und Besitz und behaupteten, eine Reliquie der Maria Magdalena zu besitzen – einen Finger.

MAGDALENENVEREHRUNG IN WIEN

In Wien entstand die Magdalenenverehrung im Mittelalter und dauerte bis in die Barockzeit. Mehrere Magdalenenklöster, -kirchen und -kapellen befanden sich auf Wiener Boden. Ihr Patrozinium am 22. Juli wurde mit feierlichen Prozessionen begangen.
Sowohl das Magdalenenkloster als auch die Magdalenenkirche gibt es nicht mehr, ja sogar das Magdalenenpatrozinium der Schönbrunner

Schlosskapelle wurde geändert. Gerade so, als ob jede Erinnerung ausgelöscht werden sollte.

Das **Maria-Magdalena-Kloster vor dem Schottentor** befand sich außerhalb der mittelalterlichen Stadtmauer an der heutigen Ecke Währinger Straße/Kolingasse. Eine genaue Beschreibung finden wir in dem Buch „Die mittelalterlichen Kirchen und Klöster Wiens" der Wien-Chronisten Richard Perger und Walther Brauneis.
Das Kloster wurde 1529 bei der Türkenbelagerung zerstört und aus verteidigungstechnischen Gründen vor den Mauern Wiens nicht mehr wieder aufgebaut.
In Deutschland wurde 1224 ein Orden der Hl. Maria Magdalena zur Bekehrung „sündiger" Frauen gegründet. Auch in Frankreich gab es ähnliche religiöse Gemeinschaften. In Irland gab es Magdalenenheime für „gefallene" Mädchen. Ein jüngst erschienener Zeitungsbericht in der „Zeit" informierte die Öffentlichkeit über Schadenersatzzahlungen an diese ehemaligen Heimbewohnerinnen. Die Heime wurden von katholischen Orden geführt und zwangen den Mädchen die jeweiligen Ordensregeln auf. Mit Hilfe der jugendlichen Arbeitskraft betrieben die Klöster Wäschereien, die „Magdalene laundries". Dort mussten die „Sünderinnen" schwere körperliche Arbeit verrichten, Gehorsam leisten, Buße tun und dabei strenge Fastenregeln und Kasteiungen einhalten. Sehr oft schreckten die Oberinnen nicht vor Züchtigungen und körperlicher Misshandlung der Mädchen zurück. Diese Praktiken kamen in den letzten Jahren ans Licht der Öffentlichkeit. Im Laufe der 150-jährigen Geschichte dieser Heime sollen bis zu 30.000 Frauen interniert und misshandelt worden sein. Das letzte Magdalenenheim in Irland schloss am 25. September 1996. Bis heute dauern die Wiedergutmachungsverhandlungen an. Man schätzt, dass eine Milliarde Euro von der irischen katholischen Kirche an Zahlungen zu leisten sind.

Über die **Maria-Magdalena-Kirche** auf dem Wiener Stephansplatz erfahren wir bei Perger/Brauneis, dass sie ab 1301 nachweisbar ist. Eine bereits bestehende Kapelle wurde damals mit einem Choranbau nach Osten erweitert. Wann sie tatsächlich erbaut wurde, ist nicht bekannt. Und so rätseln die Historiker über ihre Entstehung und vor allem auch ihre Verbindung mit der Unterkirche, der sogenannten Virgilkapelle. Ein Schacht verband vermutlich beide Räume, Treppen wurden keine gefunden. In diesen fensterlosen und zugangslosen Raum muss man wohl über die Magdalenakirche gekommen sein, durch ein Loch im Fußboden, vermuten Perger und Brauneis.
Ein kreisrundes Loch in der Decke der Unterkirche ist von den Wiener Stadtarchäologen gefunden worden, welches den Templern zur Himmelsbeobachtung gedient haben soll. Wäre es möglich, dass ein bestimmter Sonneneinfallswinkel durch ein Fenster der Kirche und

durch das Guckloch bis in die Krypta zwölf Meter unter der Erde zu beobachten war? Ob Abstiegsluke oder Guckloch, wir werden es nie erfahren.
Die Umrisse der Magdalenakirche sind als rote Pflastersteine auf dem Stephansplatzes zu sehen, besonders deutlich aus der Vogelperspektive vom Südturm des Domes. Jeder Wiener hat wohl schon des Öfteren beim Überqueren des Stephansplatzes diese Kirche buchstäblich „betreten" und auch ihre Krypta, die Virgilkapelle, in der U-Bahnstation gesehen. Leider ist diese geheimnisvolle Unterkirche nicht zu besichtigen, da schon seit etlichen Jahren wegen Renovierung geschlossen.
Die Magdalenakirche wurde unter anderem als Friedhofskapelle bis 1781 benützt und nach einem Brand abgerissen. Ob sie als solche errichtet wurde, glaubt man nicht. Ihre Erbauung als eigenständige Kirche neben dem Dom überrascht allerdings. Und so diskutieren die Kunsthistoriker und Archäologen weiterhin über ihren Ursprung und Zweck. Auch über der noch vorhandenen Krypta liegt der Schleier des Geheimnisvollen. Ihr Ursprung und Verwendungszweck wird den Templern zugeschrieben. Sie ist erst seit 1973 beim U-Bahnbau wieder entdeckt worden. Bis dahin war sie verschüttet und vergessen. Heute informiert ein Schaukasten mit Detail- und Grundriss Plänen über beide Kirchenräume.

Die **Schönbrunner Schlosskapelle** war ursprünglich ein Magdalenenpatrozinium und besaß ein Hochaltarbild der Maria Magdalena. Dieses Bild wurde schon im Kircheninventar von 1728 verzeichnet und ist laut Kirchenchronik ein um 1707 geschaffenes Werk von Johann Michael Rottmayr (1652–1730), dem bedeutendsten Maler des österreichischen Frühbarocks. Der Künstler war seit 1696 kaiserlicher Hofmaler. Das Altarbild zeigt eine Vision der Hl. Magdalena. Dieses Gemälde ließ Maria Theresia im Jahr 1741 in die Augustinerkirche, die Hofkirche der Habsburger in der Winterresidenz Hofburg, bringen. Soweit die Fakten, wie sie in der Chronik der Schönbrunner Schlosskapelle verzeichnet sind.
Warum Maria Theresia das Hochaltargemälde in der Kapelle durch ein Maria Vermählungsbild ersetzen ließ, verzeichnet die Kirchenchronik nicht. Noch mehr verwundert die Änderung des Patroziniums. War doch Maria Magdalena in Wien hoch verehrt und ihr Festtag, der 22. Juli, wurde alljährlich groß gefeiert. Das Feiern ließen sich die Wiener nicht nehmen. Trotz Patronatsänderung wurde das Fest der Maria Magdalena am 22. Juli weiterhin alljährlich mit einer Prozession von der Schönbrunner Schlosskapelle zur Kirche Maria Hietzing begangen und anschließend zum Festmahl geladen. 100 Gulden genehmigten die Habsburger aus der Staatskasse dafür. Sollte nur die Aussicht auf ein üppiges Essen die Wiener zur Prozession gelockt haben? Oder war es

Die „Casa Santa" für die Madonna von Loreto, Augustinerkirche Wien.

nicht vielmehr so, dass alte Bräuche einfach nicht auszurotten sind?

In der **Augustinerkirche** befindet sich nicht nur das Altarbild der Maria Magdalena von J. M. Rottmayr, sondern auch eine außergewöhnliche Madonnenfigur, eine schwarze Madonna. Sie ist eine Kopie der schwarzen Madonna von Loreto/Italien. Die Statue wurde auf Wunsch der Kaiserin Eleonora von Mantua, der Gemahlin Kaiser Ferdinands II., hierher gebracht. Die Kaiserin ließ im Mittelschiff der Augustinerkirche eine Loretokapelle errichten, die der „Casa Santa", dem heiligen Haus, in Loreto gleichen sollte. Dieses Haus war der Legende nach das Geburtshaus der Gottesmutter aus Nazareth und wurde von einer italienischen Kaufmannsfamilie im 13. Jahrhundert nach Loreto gebracht. Am 12. September 1627 konnte die Wiener Loretokapelle geweiht werden und wurde zum wichtigsten Wallfahrtsziel der Wiener und des Adels. Sie war so bedeutend, dass die Habsburger ihre Herzen zu Füßen der schwarzen Madonna, in einer kleinen Gruft der Casa Santa, zur letzten Ruhe legten. Ein neu geborener Prinz wurde mit einem bemerkenswerten Ritual begrüßt: Das Kind der schwarzen Madonna wogen die Habsburgerkaiser in Gold auf und spendeten dieses als Dank für die glückliche Geburt der Augustinerkirche.

Als die Loretokapelle 1784 abgetragen wurde, protestierten die Wiener, sodass sie neben der Georgskapelle wieder errichtet werden musste. In einer mit Silber beschlagenen Altarnische der neuen Loretokapelle steht heute die Figur der schwarzen Madonna. Sie trägt einen roten Mantel und ein blaues Kleid. Schwarze Madonnen, wie z. B. jene von Einsiedeln, Altötting oder Loreto, haben ebendiese Kleidung, werden aber mit einem silbernen Umhang geschmückt, sodass sie, ikonographisch richtig, die Himmelskönigin darstellen. Aus dieser „Verkleidung" und anderen Merkmalen folgern die „Magdalenenforscher", dass es sich bei den schwarzen Madonnen generell um Maria Magdalena handelt und nicht um Maria, zu der sie mittels „Verkleidung" gemacht wird. Das Jesuskind auf ihrem Arm wäre nach dieser Auslegung Jesu Kind.

Die geheimnisvolle schwarze Madonna in der Augustinerkirche – eine verkappte Maria Magdalena?

Die Wiener schwarze Madonna trägt genau diese typischen Attribute der Maria Magdalena, den roten Mantel und das blaue Kleid. Sie sieht der originalen Loreto-Madonna nicht ähnlich, weder in Gesichtsausdruck noch in der Haltung, ist also keine Kopie, sondern eine sehr originelle Darstellung. Eine Darstellung wessen? Der Maria Magdalena? Legten die Habsburger ihre Herzen ihr zu Füßen? Wurde ihr Kind in Gold aufgewogen, jedesmal, wenn sich die Blutlinie fortgesetzt hatte?

Schwarze Madonnen sind ein „konstantes Dilemma" der katholischen Kirche, schreibt Laurence Gardner in „Vermächtnis des Heiligen Gral". Sie repräsentieren die weise Göttin, die schwarz dargestellt wird, weil *sophia*, griechisch für „Weisheit", farbsymbolisch schwarz ist, denn sie existierte im dunklen Chaos bereits vor der Schöpfung. Das Problem ist der Erklärungsnotstand, wenn es um die Hautfarbe von Mutter und Kind geht. Mancherorts hat man sich so beholfen, dass Gesicht und Hände einfach rosa übermalt wurden. Nun, so einfach macht man es sich in der Augustinerkirche nicht. Man erklärt vielmehr die Schwarzfärbung mit dem Hohelied Salomos aus dem Alten Testament, worin es heißt: „Schwarz bin ich, doch schön ..."

Tipp

AUGUSTINERKIRCHE (Wien 1, Augustinerstr. 3): Öffnungszeiten täglich 8–19 Uhr, SO 11 Uhr feierliche Messe mit Chor und Orchester.
Altarbild Maria Magdalena von J. M. Rottmayr am rechten Seitenaltar.
Daneben Eingang zur Loretokapelle mit schwarzer Madonna und Herzgruft.
Geöffnet und Führung nach der Sonntagsmesse um 12 Uhr
Magdalenakirche: Umrisse auf dem Stephansplatz,
Krypta in der U-Bahnstation
Schönbrunner Schlosskapelle: geöffnet nur sonntags zur Messe.

Gotisches Kreuzrippengewölbe, Augustinerkirche.

DIE BLUTLINIE: MEROWINGER – LOTHRINGER – HABSBURGER

Jesus vom Stamm Juda aus dem königlichen Haus David soll Maria Magdalena geehelicht und mit ihr Nachkommen gezeugt haben. Dieses königliche Blut, „Sang real" genannt, soll Maria Magdalena nach Frankreich gebracht haben. Sie habe dort bei jüdischen Familien Aufnahme gefunden und ein Kind von Jesus geboren.

Für diese These spricht nach Ansicht mehrerer Autoren, dass im französischen Fischerort Saintes-Maries-de-la-Mer seit Jahrhunderten zwei Marien, eine davon dunkelhäutig, verehrt werden. In der Legende heißt es, sie seien mit dem Schiff nach Frankreich gekommen und hätten in einer Höhle Zuflucht gefunden. Hunderttausende Besucher kommen alljährlich am 24. Mai und Ende Oktober in diesen alten Wallfahrtsort, um die beiden Marien zu ehren.

In der Bibel gibt es jedoch keinen Hinweis auf eine abenteuerliche Flucht mehrerer Marien nach Frankreich. Trotzdem ranken sich in Süd-

Opferstock der Loretokapelle in der Augustinerkirche.

frankreich alte Mythen und Legenden um Maria Magdalena und ihr Leben dort. Ihr Grab soll sich in der Maria-Magdalena-Kathedrale von Vezelay befinden.
Die erwähnten Autoren entwickeln eine lückenlose Genealogie von Maria Magdalena bis zum heutigen Tag. Sie behaupten, dass sich im Laufe der Jahrhunderte die Nachkommen der jüdischen Familien mit den Franken vermischt hätten, deren erster König Merowech die Merowinger Dynastie begründete. Legenden erzählen in verschiedenen Versionen von der göttlichen Abstammung dieses Königs.
Die Nachfolger der Merowinger waren die Karolinger, die durch die von ihnen behauptete Einheirat in das Geschlecht später auf merowingische Abstammung pochten und sich daher als rechtmäßige Nachfolger sahen. Die Blutlinie sei weiter vererbt worden, unter anderem an die Lothringer, und durch deren Verbindung mit den Habsburgern soll sie bis zum heutigen Tage fortbestehen.

Wappen des Hauses Habsburg-Lothringen: Im Herzschild links der Habsburger-Löwe, in der Mitte der österreichische Bindenschild und rechts der lothringische Schrägbalken mit den drei weißen Adlern.

Warum sollte die Abstammung von den Merowingern eine Bedeutung haben?

Die „Blutlinie" war im Mittelalter wichtig, um symbolisch Legitimität zu vermitteln, eine gewisse Ordnung herzustellen und das stets kritische Nachfolgeproblem der Herrschaft zu lösen. Inwieweit die Merowinger selber ihre Legitimität durch eine fiktive oder vermeintliche Abstammung von Maria Magdalena und Jesus hatten untermauern wollen, bleibt jedenfalls offen.

Der Merowinger-Mythos

Nach Meinung der Historiker eine schöne Geschichte, aber vermutlich auch nicht mehr. Leider gibt es keinerlei Dokumente, die diesen zweitausendjährigen Stammbaum belegen. Außer den „Dossiers Secrets", den geheimen Dokumenten einer noch geheimeren Bruderschaft, der Prieuré de Sion, die – wie man ihrem „Entdecker" Pierre Plantard nachgewiesen hat – reine Fiktion sind. Ein Schwindel also, wie auch der gesamte Merowinger-Mythos?
Historiker unterscheiden zwischen echten und falschen Merowingern. Falsche Merowinger sind solche, denen zu Unrecht – irrtümlich oder absichtlich – eine Abstammung vom Königsgeschlecht der Merowinger zugeschrieben wurde. Zumeist ging es darum, einzelnen Personen oder Herrscherfamilien eine besondere Legitimation über diese königliche Abstammung zu verschaffen. Die behauptete Abstammung der Karolinger von den Merowingern ist höchstwahrscheinlich falsch. Trotzdem gibt es eine echte Blutlinie, die sich von den Merowingern bis zu den Lothringern verfolgen lässt.

Die Blutlinie der Habsburg-Lothringer

Warum wurde Franz Stephan von Lothringen als Begründer einer neuen Dynastie gewählt?

Die Ehe zwischen dem letzten Herzog von Lothringen, Franz Stephan, und der Thronerbin Maria Theresia von Österreich wird von manchen Stammbaumforschern als Verbindung der wichtigsten Träger des „Heiligen Blutes" gesehen. Die Tatsache, dass Franz Stephan anstatt des eigentlich vorgesehenen älteren Bruders und wegen dessen plötzlichem Tod, zum Prinzgemahl auserkoren wurde, und die doppelte Rückversicherung durch die Verheiratung Maria Theresias Schwester mit dem dritten Bruder gilt als Beweis dafür, dass hinter der Wahl eines Lothringers ein Geheimnis steckt.

Freimaurer, Rosenkreuzer, Alchemist: Kaiser Franz I. Stephan (Öl auf Leinwand, Schloss Schönbrunn, Wien).

Der Diplomat und oberste Hofkanzler Graf Sinzendorf schlug Kaiser Karl VI. einen „Prinzen von Geblüt zur Erziehung am Hofe" vor, und zwar Leopold Clemens von Lothringen, den älteren Bruder Franz Stephans. Als dieser zwei Wochen vor Abreise plötzlich verstarb, wurde kurzerhand der 15-jährige Franz Stephan nach Wien entsandt. Dass zu diesem Zeitpunkt – Maria Theresia war erst sechs Jahre alt – bereits eine spätere Heirat der Erbprinzessin von Österreich mit einem Lothringer vorgesehen war, scheint damit belegt.

Der Kaiser liebte den heiteren Prinzen wie einen Sohn, heißt es in den Aufzeichnungen des Grafen Sinzendorf, und nahm ihn bald zur Jagd und anderen Festlichkeiten mit. Ja, er wurde ihm sogar so unentbehrlich, dass er den jungen Prinzen als seinen ständigen Begleiter um sich haben wollte. Die spätere Liebesheirat von Maria Theresia und Franz Stephan ist eine oft und gern erzählte Tatsache, im Lichte der historischen Fakten eine zusätzliche glückliche Fügung.

Die Rückversicherung mit dem dritten Bruder, Karl Alexander, war eine weise Voraussicht. In der Tat starb Maria Theresias Schwester in jungen Jahren, sodass die Ehe kinderlos blieb. Franz Stephan und Maria Theresia hingegen begründeten eine neue Dynastie: das Haus Habsburg-Lothringen.

„König von Jerusalem"

Mit Gottfried von Bouillon (1060–1100), einem französischen Adeligen aus der Grafschaft Bouillon, im heutigen Belgien, Herzog von Niederlothringen und Anführer des ersten Kreuzugs nach Jerusalem, erreichten die Lothringer das Heilige Land. Er war es auch, dem man die Gründung der Bruderschaft vom Berg Zion *(Prieuré de Sion)* nachsagt, deren Aufgabe es angeblich war, das Geheimnis um Jesus und Maria Magdalena zu wahren.

Drei Adler soll Gottfried mit einem einzigen Pfeil vom Jerusalemer Davidsturm geschossen haben. Diese Heldentat ging in die Annalen ein. Diese drei Adler zieren bis heute das lothringische Wappen und damit auch das Wappen des Hauses Habsburg-Lothringen.

Gottfried von Boullion war der erste Regent von Jerusalem, die Königskrone lehnte er jedoch ab, weil er meinte, in jener Stadt, in der Jesus die Dornenkrone trug, könne er nicht die Königskrone tragen. Nach seinem Tod wurde sein Bruder Balduin I. zum ersten König von Jerusalem gekrönt. Seither gehört der Titel „König von Jerusalem" zum Erbe des Hauses Habsburg-Lothringen. Obwohl die reale Macht lange verloren ist, führen sie den Titel bis zum heutigen Tag weiter.

Mittlerweile sind es fünf Linien, die Anspruch darauf haben: zwei bourbonische Linien, ein Wittelsbacher, eine habsburgische und eine uneheliche Linie führen in ihrem Namen den Titel „König von Jerusalem".

Bella gerant alii, tu, felix Austria, nube!

Kriege mögen die anderen führen, du, glückliches Österreich, heirate! Dieser Ausspruch wird dem ungarische König Matthias Corvinus zugeschrieben und bezieht sich auf Kaiser Maximilian I. und dessen erfolgreiche Heiratspolitik. Nicht nur die Vergrößerung ihres Machtbereiches, sondern der Erhalt der Blutlinie und die edle Abstammung waren allen Habsburgern ein Anliegen.

Maximilian I. (1459–1519) „suchte seine Ahnenreihe über Karl den Großen und die Franken auf die Trojaner und die biblischen Erzväter zurückzuführen, um alles edle Blut Europas im habsburgischen Stamme zu vereinigen und seine Sipp- und Magschaft sogar im Himmel aufzusuchen", schreibt der Historiker Hermann Wiesflecker in einem Beitrag über Kaiser Maximilian I. im Katalog zur Ausstellung „Friedrich III." 1996 in Wr. Neustadt.

Am 22. Juli 1515 (am Festtag der Maria Magdalena!) fand die berühmte „Wiener Doppelhochzeit" im Stephansdom statt. Maximilian verhei-

ratete seine Enkel Maria und Ferdinand mit Ludwig und Anna, den Kindern des Königs von Böhmen und Ungarn, Wladyslaws II. Der Namenstag der Maria Magdalena und die Zahlen 1-5-1-5 waren im mittelalterlichen Glauben an Zahlenmystik ganz sicher bedeutungsvoll.
Das heutige Oberhaupt des Hauses Habsburg-Lothringen, Dr. Otto Habsburg, 1912 als Sohn des letzten österreichischen Kaisers geboren, scheint bei der Wahl seines Hochzeitstages auf ebendiese Zahlen zurück gegriffen zu haben. Er ehelichte Regina von Sachsen-Meiningen am 10. Mai 1951 in Nancy, in der Grabkirche der Lothringer Herzöge. Nicht nur der Ort hat hohe Symbolkraft für die Dynastie der Habsburg-Lothringer, auch das Hochzeitsdatum mit der Zahlenreihe 1-5-5-1 für den 10.5.51 (die Null zählt in der Zahlensymbolik nicht), scheint bewusst oder unbewusst symbolträchtig gewählt worden zu sein. Im Jahr 1551 wurde nämlich der sogenannte „Erbkaiserplan" vereinbart, der vorsah, dem Hause Habsburg das Kaisertum über Generationen zu sichern. Datum und Ort der Vermählung des Habsburgers mit der Sachsen-Prinzessin sind Symbole für den Fortbestand der Dynastie, der Blutlinie der Lothringer, deren Vorfahre König von Jerusalem war.

EIN HABSBURGER IN RENNES-LE-CHÂTEAU

Im Krimi um den Heiligen Gral und seine Erben berichten Lincoln, Baigent und Leigh mit erstaunlichem Detailwissen über den Besuch eines Habsburger Erzherzogs in Südfrankreich bei einem Pfarrer, dessen Rolle bis heute mehr als dubios erscheint.
Es handelt sich um die Geschichte mit den Geheimdokumenten von Rennes-le-Château: eine abenteuerliche Story um einen armen Landpfarrer eines südfranzösischen Dorfes, Abbé Bérenger Sauniére (1896–1917), der plötzlich zu unerklärlichem Reichtum kam. Seinen eigenen Angaben nach entdeckte er anlässlich der Renovierung der Maria-Magdalena-Kirche in Rennes Geheimdokumente, die darauf hinwiesen, dass in der Krypta ein Schatz versteckt sei. Auf einem der Dokumente seien der Stammbaum Dagoberts II., eines Merowingerkönigs, der 678 n. Chr. ermordet wurde, und der Satz: „Dieser Schatz gehört Dagobert ...", vermerkt. Zwei weitere Dokumente enthielten verschlüsselte Texte aus den Evangelien. Leider sind die Dokumente verschollen. Was Sauniére wirklich fand, wird wohl für immer ein Rätsel bleiben. Manche meinen, es wäre der sagenhafte Schatz der Merowinger oder gar der Tempelschatz von Jerusalem mit dem Heiligen Gral gewesen.
Viele Besucher sprachen bei Pfarrer Sauniére vor. Auch Erzherzog Johann Salvator (bekannt unter dem Namen Johann Orth, nach Schloss Orth bei Gmunden) soll den Abbé Sauniére besucht haben – und nicht

nur besucht, sondern auch einen beträchtlichen Geldbetrag überbracht haben. Jeder der beiden eröffnete ein Bankkonto jeweils am selben Tag – nacheinander, wie die fortlaufenden Kontonummern beweisen.

Bei Lincoln, Baigent und Leigh ist zu lesen, dass Johann Salvator zwischen November 1889 und Februar 1890 unter dem Pseudonym „Monsieur Guillaume" in Rennes gewesen sei. Er habe Sauniére besucht und mit ihm sodann in Perpignan bei der Bank „Veuve Auriol et Fils" besagtes Bankkonto eröffnet.

Erzherzog Johann Salvator (1852–1890) war der jüngste Sohn von Großherzog Leopold der Toskana aus einer Nebenlinie der Habsburger. Seine militärische Ausbildung absolvierte er unter Erzherzog Albrecht. 1886 lehnte er die ihm angetragene bulgarische Königswürde ab und ersuchte 1889 um die Entlassung aus dem Kaiserhaus. Damit verzichtete er auf seine Titel und Apanage und nannte sich fortan Johann Orth, nach seinem Besitz am Traunsee. Er ehelichte eine Tänzerin der Wiener Hofoper, Ludmilla Stubel. Mit ihr reiste er auf seinem Frachtdampfer nach Südamerika und erlitt 1890 Schiffbruch am Kap Horn. Dort fand er vermutlich den Tod. Aufgeklärt wurde dieses Verschwinden Johann Orths jedoch nie.

Wollte der Habsburger die Dokumente einsehen, die davon sprachen, dass es ein Grab Jesu in Rennes geben könnte? Sah sich der Habsburger als legitimer Nachfahre Jesu und daher als Träger des königlichen Blutes, des „Sang real"? War er auf der Suche nach dem Heiligen Gral? Einige Details, die uns die englischen Autoren mitteilen, werfen möglicherweise Licht auf diese Angelegenheit. Sauniére hatte von der Gräfin von Chambord, Marie-Therese von Modena-Habsburg, für die Kirchenrenovierung eine fürstliche Spende von 3000 Francs in Gold erhalten. Als Überbringer des Geldsegens fungierte Johann Salvator von Habsburg. Warum die Gräfin das Geld nicht selbst übergab, sondern einen Verwandten aus Österreich dazu benötigte, wird in den Berichten nicht erklärt. Die Gräfin galt als Anhängerin der Monarchie in Frankreich, das seit dem Sturz von Napoleon III. im Jahre 1870 zur Republik geworden war. Die Gelder waren offenbar eine Ermutigung für Sauniéres monarchistisches Engagement und sollten vielleicht auch dokumentieren, dass es Kreise gab, die ihre Hand schützend über ihn hielten.

DIE SUCHE NACH DEM HEILIGEN GRAL

Vorhergehende Doppelseite: Der Heilige Gral von Wien – Achatschale mit rätselhafter Inschrift (B.XRISTO.RI.XXPP.)

Beim letzten Abendmahl der Apostel mit Jesus soll ein Kelch, möglicherweise auch eine Schale, verwendet worden sein. In diesem Gefäß, dem Heiligen Gral, soll bei der Kreuzigung Jesu das Blut Christi aufgefangen worden sein. Von wem, darüber herrscht Uneinigkeit. Am häufigsten ist die Rede von Joseph von Arimathea, der das Gefäß mit dem Blut Christi später nach Glastonbury in Südengland gebracht haben soll. Auch Maria Magdalena oder Nikodemus werden genannt.

Wie jenes Gefäß ausgesehen hat, darüber schweigt sich die Bibel aus. Manche meinen, es wäre ein Kelch gewesen, manche andere sprechen von einer Schale und ganz verwegene interpretieren das Gefäß als weiblichen Schoß – dem Maria Magdalenas, die das Blut Christi unter ihrem Herzen trug. Mit eben jenem sei sie übers Meer nach Frankreich geflüchtet und habe dort ein Kind Jesu geboren, wie wir im Kapitel über Maria Magdalena bereits ausführlich dargestellt haben.

Die Herkunft des Wortes Gral ist nicht restlos geklärt: Am wahrscheinlichsten ist die Ableitung aus dem Altfranzösischen *graal* für „Gefäß" oder „Schüssel". Für die Vertreter der Maria-Magdalena-Theorie leitet sich das Wort hingegen von *sanguis regalis* für „königliches Blut" ab und ist durch Verballhornung zu „Sang real" und weiter zu „San Gral" geworden. Die älteste Gralserzählung hat vermutlich keltisch-heidnischen Ursprung. Die erste erhaltene Aufzeichnung des Stoffes stammt von Chrétien de Troyes aus dem 12. Jahrhundert. Seinen eigenen Angaben zufolge schöpfte er aus älteren Erzählungen. Vermutlich taten das auch alle anderen Gralserzähler, wie Robert de Boron, Helinandus Frigidimontis und Wolfram von Eschenbach. Ergreifender als Richard Wagner in seinen Opern „Lohengrin" und „Parsifal" hat noch niemand die Geschichte erzählt. Ein Mythos aus ferner Zeit …

Von den höfischen Minnesängern über Kreuzritter bis zu Indiana Jones – alle jagten nach dem Gral, dem Schatz, der Unsterblichkeit verspricht. Die Suche nach dem Gral ist eines der Grundthemen der Menschheit, die Suche nach dem Göttlichen.

Die Gralssuche begann mit den Kreuzzügen im 11. Jahrhundert. Es waren die Tempelritter, die – so wird vermutet – anstatt die Pilger in Jerusalem zu beschützen, in Wahrheit im Tempelberg nach dem sagenhaften Tempelschatz gruben. Sie hätten diesen auch gefunden und als angeblich rechtmäßiges Erbe den Nachfahren der Merowinger, die sich wiederum auf Jesus Christus begründen, zurückgebracht. So liest man zumindest in der Templerliteratur, die allerdings die Beweise schuldig bleibt.

Aufbewahrungsorte des Grals

Der deutsche Historiker und Buchautor Michael Hesemann meint, den wahren Gral gefunden zu haben. Er sei der Kelch, der in der Kathedrale von Valencia seit 1437 als Santo Caliz verehrt wird und von Kunsthistorikern in das 1. Jhdt. v. Chr. datiert wird. 160 Gralsritter behüten ihn,

darunter König Juan Carlos von Spanien. Hesemann entdeckte eine altarabische Inschrift auf dem Kelch, die „Al-labsit as-sillis" („der Barmherzige") gelesen werden kann. Wolfram von Eschenbach erzählt von einer fast gleichlautenden Inschrift auf dem Gral, „lapsit exillis". Diese und viele andere Übereinstimmungen mit den Gralserzählungen haben den Historiker von der Echtheit des spanischen Kelchs als Heiligen Gral überzeugt.
Nach alten Erzählungen jedoch hätte Josef von Arimathea den Gral nach Glastonbury in Südengland gebracht. Auch in Schottland vermutet man ihn, und zwar in der Krypta von Rosslyn Chapel, wo Tempelritter bei der Adelsfamilie Sinclair Zuflucht fanden und den legendären Templerschatz versteckten. Seit dem Film „The Da Vinci Code", der in Paris und Rosslyn Chapel bei Edinburgh gedreht wurde, erfreut sich die alte Kirche einer ungeahnten Beliebtheit. Tausende Gralssucher stürmen die Kirche. Seit Ende 2008 wird auch gegraben, aber nur außerhalb der Kirche. Lord Sinclair verweigert leider das Öffnen der Krypta, sodass wir weiterhin im Dunkeln tappen.

Führt die Spur nach Wien?

Viele Wege führen zum Gral. Eine dieser Spuren führt auch nach Wien – und zwar in die Wiener Schatzkammer, eine der bedeutendsten der Welt. Seit dem frühen 14. Jahrhundert war sie Aufbewahrungsort des Habsburgerschatzes. Die ersten Berichte darüber gibt es aus dem Jahr 1337. Dort wird nicht nur der Kronschatz der Habsburgerkaiser aufbewahrt, mit allen Insignien und Juwelen, sondern auch Schätze, deren materieller Wert vielleicht nicht so bedeutend, ihr ideeller aber umso größer ist. Dieser legendenumwobene Schatz schlummert – den meisten Wienern unbekannt – seinen Dornröschenschlaf. Im Halbdunkel des mystisch beleuchteten Museums ist er auch schwer zu entdecken. Die ehrwürdigen Gemäuer der 600 Jahre alten Hofburg verbreiten eine düstere Stimmung. Gleichsam versenkt im Dunkel der Jahrhunderte ruhen dort in ihren Vitrinen unvorstellbare Werte. Dieser Schatz drängt sich nicht auf, er will entdeckt werden. Wir möchten diese versteckten Kostbarkeiten ans Tageslicht holen und den ihnen gebührenden Platz zuweisen.

DER WIENER GRAL

Eine Achatschale mit dem Monogramm Christi

Seit dem 17. Jahrhundert wird in der Schatzkammer der Hofburg in Wien eine als Gral verehrte antike Achatschale aufbewahrt. Diese Schale, 58 cm im Durchmesser (Spannweite 76 cm inklusive der Griffe), ist ein Meisterwerk der antiken Steinschneidekunst. Sie ist aus einem einzigen Achatblock gefertigt und wiegt sage und schreibe 10 Kilogramm. Im 17. Jahrhundert galt die Achatschale als das „beste Hauptstück" in der Schatzkammer. Sie ist die größte gemmoglyptische (aus einem Block Hartstein geschnittene) Schale der Welt. Die technische Meisterleistung des Steinschneiders ist fast unvorstellbar, denn obwohl Achat härter ist als Stahl, wirken die Form der Schale und die aus dem Stein herausgeschnittenen Griffe wie aus Wachs geformt.

Wie kam der Gral nach Wien?

Die Herkunft der Achatschale ist ungewiss. Aus Berichten des 18. Jahrhunderts erfahren wir, dass die Schale 1204 bei der Eroberung von Konstantinopel erbeutet wurde und in den Besitz Karls des Kühnen – und somit nach Burgund – gelangte. Mit dem Burgundererbe der Gemahlin Maximilians I., Maria von Burgund, der Tochter Karls des Kühnen, kam die Achatschale 1477 in den Besitz der Habsburger. Seither gehört sie zum Habsburg-Lothringischen Hausschatz und ist Teil der „unveräußerlichen Erbstücke des Hauses Habsburg".

Die mysteriöse Inschrift

Der Grund ihrer Verehrung liegt weder in der handwerklichen Meisterleistung noch in der Größe dieser Rarität, sondern in einer geheimnisvollen Inschrift, die nur bei ganz bestimmten Licht- und Luftverhältnissen in der Maserung des Achats zu sehen ist. Sie zeigt sich nur dem Auserwählten, heißt es. Ihre Buchstaben sind: B.XRISTO.RI.XXPP.
Die Inschrift ist weder eingeritzt noch geätzt, sondern erscheint unerklärlicherweise als Muster im Achat selbst. Ab dem 17. Jahrhundert existieren Berichte von Experten, welche die Schrift entziffert haben. Es soll der Name Christi in lateinischen und griechischen Buchstaben sein: XRISTO im Lateinischen und XXPP als Verdoppelung des griechischen Chi und Rho, die Anfangsbuchstaben des Namens Christus. RI könnte als Rex Judeorum gelesen werden. Die 13 Buchstaben der Inschrift weisen möglicherweise auf Christus und die zwölf Apostel hin, die eine Schale oder Kelch als Trinkgefäß beim letzten Abendmahl verwendeten. Damit sah man mehrfach bestätigt, dass es sich bei der Achatschale um den Heiligen Gral handle.
Das letzte Mal wurden diese Buchstaben vom Wiener Inschriftenexperten Prof. Rudolf Egger im Jahr 1953 gelesen und übersetzt. Seiner Meinung nach würden sowohl die Inschrift als auch die meisterliche Verarbeitung der Achatschale auf den Steinschneider verweisen, einen gewissen Flavius Aristo aus Trier aus dem 4. Jhdt. n. Chr. Diese Lesung ist auf alle Fälle falsch, schreibt der offizielle Schatzkammerführer. Und führt weiter aus: „Ein trockenes Auge sieht trockene Dinge. Nur ein wunderfähiges Auge kann Wunder sehen."

Seither hat niemand mehr das Wunder in der Maserung des Steins gesehen. Nur alle heiligen Zeiten einmal ist es einem Würdigen vergönnt, sie zu entziffern. Wegen dieser geheimnisvollen Inschrift, der einzigartigen Größe des Steines und seiner meisterhaften Formgebung wurde die Achatschale als der Heilige Gral verehrt.

Tipp

ACHATSCHALE IN DER WIENER SCHATZKAMMER (Wien 1, Hofburg):
Öffnungszeiten MI–MO 10–18 Uhr,
Mitte Mai–1. November täglich 10–18 Uhr
Geheimnisvolle Inschrift in der Maserung des Achats in der Schalenhälfte, die am Rand gebändert ist – die Buchstaben sind etwa 3 cm hoch und beginnen links von der kleinen hellen Achatwolke mit konkaver Einbuchtung und reichen bis zum eckigen, weißen Fleckchen rechts. Die Wahrnehmung der Inschrift ist nur bei bestimmtem Lichteinfall möglich.

DIE REICHSKRONE

Die Reichskrone des Heiligen Römischen Reiches (25. Dezember 800 – 6. August 1806) ist nicht nur eines der prominentesten Exponate der Wiener Schatzkammer, sondern ein bedeutendes Objekt der europäischen Geschichte. Sie steht symbolisch als Beweis für die Denkweise und Überzeugung ihrer Träger, die Nachfolger Christi und daher Mittler zwischen Gott und den Menschen zu sein. Aus dieser Überzeugung leiteten sie ihren vererbbaren, in der Blutlinie übertragbaren Herrschaftsanspruch ab.
Keine andere Krone hat jemals eine derartige Macht und Symbolkraft entfaltet wie die römisch-deutsche Reichskrone – erklärbar nicht nur mit ihrer rechtlichen, sondern vor allem kultischen Bedeutung; und mit ihrer tausendjährigen Geschichte, im Laufe derer der göttliche Herrschaftsanspruch oft blutig verteidigt wurde.
Die Reichskrone hat eine von den meisten Kronen der Welt abweichende Gestalt: sie ist nicht rund, sondern achteckig. Statt eines Stirnreifs hat sie acht oben abgerundete, mit Scharnieren verbundene Platten. Diese Form ist selten und hebt die Krone über alle anderen hinaus. Mit diesem Achteck wird die Vermittlerrolle des Kaisers – für jeden sichtbar und den zahlenkundigen Menschen des Mittelalters verständlich – dargestellt. Die Zahl 8 und damit das Achteck bedeutet nämlich in der Zahlenmystik die Mitte zwischen der Zahl 4, dem Quadrat, welches für die Welt, die Himmelsrichtungen, die Jahreszeiten und die Elemente steht, und der Zahl 1, dem Kreis, der symbolisch für Gott steht. Durch die fortlaufende Halbierung des Erdquadrats über Achteck usw. kommt

Die Krone des Heiligen Römischen Reichs – ein bedeutendes Objekt der europäischen Geschichte. (Schatzkammer Wien)

man zum Punkt, dem Kreis, der symbolisch die Einheit Gottes darstellt. So wie ein Turm aus einer quadratischen Basis besteht und sich zur Spitze hin verjüngt, indem das Quadrat zum Acht-, Sechzehn-, Zweiunddreißigeck wird, bis es an der Spitze in einem Kreis bzw. Punkt endet. Aus dieser zahlensymbolisch begründeten Denkweise hat Karl der Große die Aachener Pfalzkapelle als Oktogon errichtet.

Die Reichskrone in der Wiener Schatzkammer

Karl der Große hat sie nie getragen. Die Krone ist vermutlich erst um 950 n. Chr. unter Kaiser Otto entstanden. Trotzdem könnten einzelne Elemente, unter anderem die zwölf Edelsteine, die die zwölf Stämme Israels und die 12 Tore des himmlischen Jerusalem symbolisieren, von Kaiser Karl stammen. Vier der insgesamt acht Platten sind mit Edelsteinen verziert, vier mit Bildern der alttestamentarischen Könige. Eine davon zeigt König David, die andere seinen Sohn und Nachfolger König Salomon, mit Spruchbändern, die die Tugenden eines weisen und gerechten Herrschers erklären. Auf der Platte rechts von der Stirnplatte mit dem Kreuz ist Christus abgebildet mit dem Spruch „per me reges regnant" („durch mich regieren die Könige"). Hiermit wird das Recht zu herrschen von Christus abgeleitet.
Der Krönungstag Karls am 25. Dezember 800 war damals der erste Tag des neuen Jahres, aber auch der Geburtstag Jesu, der wiederum von Kaiser Konstantin auf den Festtag des antiken Sonnengottes Sol Invictus gelegt worden war. Man erkennt hier die vielfältige Symbolik, die diesem Tag innewohnt.
Sehen wir hier den Stammbaum Jesu auf der Krone der Nachfahren? Das Recht auf den Herrschertitel direkt von Christus abgeleitet?
Die Blutlinie, die sich auf das sagenumwobene Geschlecht der Merowinger begründete, war über alle Jahrhunderte hinweg immer die Legitimation für den Kaisertitel.
Zum Krönungsschatz gehören auch die Reichsinsignien: das Zepter, das Schwert, der Reichsapfel, der Krönungsornat und die Reichsreliquien. Darunter das vornehmste Stück, die Heilige Lanze, deren Besitz den Anspruch des Kaisers auf die Machtausübung begründete.
Die Reichskrone und der Kronschatz haben einen abenteuerlichen Weg in ihrer Geschichte hinter sich. In Kriegszeiten versteckt, vermauert, außer Landes gebracht und immer wieder unversehrt zurückgegeben, ruhen sie nun – obwohl für „ewige Zeiten" der Stadt Nürnberg bestimmt – in Wien, in der ehemaligen Residenz der Habsburger.

Tipp

DIE REICHSINSIGNIEN in der Wiener Schatzkammer (Wien 1, Hofburg):
Öffnungszeiten MI–MO 10–18 Uhr;
Mitte Mai – 1. November täglich 10–18 Uhr

DER SPEER DES SCHICKSALS

Die Heilige Lanze getränkt mit dem Blut Christi?

Einer der heiligsten Gegenstände der Christenheit, einer der meist umkämpften und als schlachtenbestimmend verehrten, legendenumwobenen Objekte, die Heilige Lanze mit dem Nagel vom Kreuz Christi, befindet sich ebenfalls in der Wiener Schatzkamme – ein Artefakt mit einer faszinierenden und bis heute nicht entschlüsselten Vergangenheit. Um dieses älteste Stück der Reichsinsignien ranken sich Sagen und Legenden. Ihr Besitz verhieß Macht, versprach Unbesiegbarkeit, ja sogar die Herrschaft über die Welt. Der Besitz der Heiligen Lanze war der Beweis, dass die Macht des Herrschers von Gott gegeben war, dass er der Nachfolger Christi auf Erden war. Mit der Behauptung, auf der Lanze würde Christi Blut kleben, setzte man sie in der Bedeutung dem Heiligen Gral gleich.

„Lancea et clavus domini" steht auf dem dünnen Goldblech, das über der Klinge steckt: „Lanze und Nagel des Herrn". Auf einer kaiserlichen Inventarliste aus dem Mittelalter ist sie als der „sper gotes" angeführt. Zu Ehren von Lanze und Nagel führte man im Jahr 1354 sogar einen eigenen Feiertag, am 8. April, ein.

Mit der Heiligen Lanze habe der römische Soldat Longinus – so sagt die Legende – Christus am Kreuz in die Seite gestochen, um seinen Tod

Das älteste Stück der Reichskleinodien: die Heilige Lanze. Sie enthält vermutlich einen Nagel aus dem Kreuz Jesu Christi.

zu prüfen. Wie der Speer nach Europa gelangte, verliert sich im Dunkel der Geschichte. Einerseits habe ihn ein Kreuzritter aus Jerusalem mitgebracht und seinem Kaiser geschenkt, andererseits soll ihn bereits Konstantin der Große, der römische Kaiser des 3. Jhdts. n. Chr., besessen haben. Untersuchungen ergaben, dass die Lanze aus dem 8. Jahrhundert stammt, die Manschetten aus dem 11. und 14. Jahrhundert.

„Die heilige Lanze" von Trevor Ravenscroft

Eine der spannendsten Lektüren über den Weg der Heiligen Lanze, vom englischen Autor Trevor Ravenscroft, schildert seine schicksalhafte Geschichte. Der Apostel Thomas, Konstantin der Große, Karl der Große, Kaiser Barbarossa, Friedrich II. von Hohenstaufen, die Habsburger, Adolf Hitler – sie alle haben angeblich den „Speer des Schicksals" besessen, die „Heilige Lanze", mit der der römische Söldner Longinus Christus am Kreuz durchbohrte. „Wer auch immer die Lanze in seinen Händen hält und seine Macht über Gut und Böse versteht, der wird die Welt erobern", heißt es. Sehr anschaulich beschreibt der Autor, wie Hitler an den Speer gelangte und wie er dessen geheimnisvolle Macht für seine Zwecke missbrauchte.
Leider ist Ravenscrofts Bericht historisch nicht korrekt. Hauptsächlich stützt er sich auf Legenden und okkulte Quellen. Trotzdem gelang ihm eine spannende Erzählung um das Geheimnis der Lanze, die wahrscheinlich meistgelesene zu diesem Thema.

Adolf Hitlers Wunderwaffe

Wie Ravenscroft schreibt, wechselte die Lanze im Laufe der Geschichte mehrmals ihren Besitzer. Sie wanderte von Karl dem Großen über Friedrich Barbarossa bis zu den Habsburgern. Auch Napoleon Bonaparte soll versucht haben, bei einem seiner Feldzüge die Lanze zu erobern, scheiterte jedoch und scheiterte dann auch bei seinem Plan, die Welt zu erobern.
Ravenscroft erzählt die Geschichte um den Aufenthalt der Lanze während des Zweiten Weltkriegs folgendermaßen: Adolf Hitler brachte die Lanze 1938 in seinen Besitz. Er ließ sie zusammen mit den Reichsinsignien nach Nürnberg bringen. Die Lanze blieb dort sechs Jahre, dann wurde sie in ein geheimes Versteck transportiert. Das Versteck wurde dann am 30. April 1945 um 14.10 Uhr von einem US-Leutnant namens Walter William Horn gefunden, der die Lanze im Namen der Vereinigten Staaten in Gewahrsam nahm. Zwei Stunden später beging Hitler Selbstmord. Für Hitler galt die Lanze angeblich als überirdischer Kraftspender, als Wunderwaffe, mit der er die Weltherrschaft erobern wollte. Aber auch für ihn wurde sie zum Speer des Schicksals.
In der Tat war der Weg der Reichsinsignien ein anderer. Hitler hatte sie niemals in seinem Privatbesitz. Oberbürgermeister Liebel gelang es, die

Kleinode 1938 aus Wien nach Nürnberg zu holen. Sie waren in der Meistersingerkirche in Nürnberg ausgestellt und bei Kriegsausbruch in einen bombensicheren Luftschutzkeller unter der Burg gebracht worden, schreibt Ernst Kubin in „Die Reichskleinodien. Ihr tausendjähriger Weg". Die Auffindung des Verstecks stimmt dann wieder mit der Version von Ravenscroft überein.

Wissenschaftler wollen endlich das Rätsel um die Lanze lösen

Metallurgische Untersuchungen der Montanuniversität Leoben im Jahr 1914 ergaben, dass die Lanze aus dem 8. Jahrhundert stammt, also nicht, wie überliefert, zweitausend Jahre alt ist. So wird sie auch in der Wiener Schatzkammer als karolingisch, aus dem 8. Jahrhundert stammend, beschrieben. Dem widerspricht allerdings, dass die Inschrift auf der Silbermanschette die Lanze ausdrücklich als Doppelreliquie bezeichnet. Was also stimmt nun wirklich?

Kein Zweifel dürfte über den oder die Nägel herrschen, welche im Schaft der Lanze eingearbeitet sind. Sie zumindest sollen vom Kreuz Christi stammen. Das berichtete schon im Jahr 961 der Geschichtsschreiber Luidprand von Cremona.

Nun wollen britische Historiker im Jahr 2009 erneut eine Untersuchung vornehmen, um festzustellen, ob sich in der Lanze oder unter der Manschette wirklich ein Nagel vom Kreuz Christi verbirgt. Endlich soll das letzte Geheimnis um den Speer des Schicksals gelüftet werden.

„Es gibt hauptsächlich Vermutungen und Schlussfolgerungen", äußerte sich Franz Kirchweger, Kurator der Schatzkammer und Verfasser des Buchs „Die Heilige Lanze in Wien". Während es für die Fachwelt als sicher gilt, dass die Lanze aus dem 8. Jahrhundert stammt und nicht mit Christi Blut in Berührung kam, ist der Traum vom „Heiligen Nagel" noch nicht ausgeträumt. Denn immerhin lautet die Inschrift auf der goldenen Manschette: „Lanze und Nagel des Herrn".

Tipp

SCHATZKAMMER IN DER HOFBURG (Wien 1):
Öffnungszeiten MI–MO 10–18 Uhr,
Mitte Mai – 1. November täglich 10–18 Uhr
Führungen zu den Reichsinsignien auf Anfrage
Bücher zum Thema im Museumsshop erhältlich:
Trevor Ravenscroft: Die Hl. Lanze; Franz Kirchweger: Die Heilige Lanze in Wien. Insignie – Reliquie – Schicksalsspeer.

DAS WIENER SCHWEISSTUCH DER VERONIKA

Dem Heiligen Gral, dem Gefäß, welches Christi Blut trägt, wurden Wunderdinge nachgesagt. So auch einer anderen Christi Blut-Reliquie, dem Schweißtuch der Veronika. Das Tuch zeigt das Antlitz Jesu Christi, das sich – laut christlicher Überlieferung – auf wundersame Weise im Stoff abgebildet hat, nachdem Christus Schweiß und Blut in einem von Veronika dargereichten Tuch abtrocknete. Dieses Antlitz Christi wurde von den Templern hochverehrt, die angeblich im Besitz eines solchen Tuches gewesen sind.
In Wien schlummert ziemlich unbeachtet eine „Weltsensation", das Schweißtuch der Veronika. Es zählt zu den „größten Denkwürdigkeiten der k. k. geistlichen Schatzkammer und der Residenzstadt Wien", wie im Katalog von 1856 zu lesen ist. Diese in Wien einst hochverehrte Reliquie wird als eines von insgesamt drei Schweißtüchern von der katholischen Kirche als echt anerkannt.

Wieso gibt es drei Schweißtücher? Und wie kam eines davon nach Wien?

Wie wir aus dem offiziellen Bildführer der Wiener Schatzkammer erfahren, gelangte das Tuch mit dem Abbild von Jesus Christus am 22. Februar 1721 als Geschenk von Catarina Savelli an Kaiser Karl VI. nach Wien. Die Familie Savelli zählte zu den ältesten und angesehensten Adelsgeschlechtern der Ewigen Stadt und stellte mit Honorius III. und Honorius IV. auch zwei Päpste des 13. Jahrhunderts. Als das Geschlecht des Giulio Savelli ausstarb, verschenkte dessen Witwe Catarina die Reliquie an den Habsburgerkaiser.
Die Familienchronik der Savelli berichtet, dass das Schweißtuch von einem Ahnen der Familie, einem gewissen Valusian Savelli, von Jerusalem nach Rom gebracht worden sei. Seit Jahrhunderten soll es dann in der Familie aufbewahrt und weitergegeben worden sein.
Dieser Valusianus sei jener Mann gewesen, den Kaiser Tiberius nach Jerusalem entsandte, um Jesus zu finden. Er erhoffte sich dadurch Heilung von schwerer Krankheit. Valusianus, der nur mehr den gekreuzigten Jesus vorfand, soll das Schweißtuch der Veronika mit dem Abbild Jesu seinem Kaiser nach Rom mitgebracht haben. Tatsächlich soll Tiberius beim Anblick des Christusbildes geheilt worden sein. Soweit die Legende um die Herkunft der Reliquie und ihr Weg über Rom nach Wien.
Im erwähnten Bildführer ist weiter zu lesen, dass die Existenz mehrere Schweißtücher damals durchaus bekannt war. Eines davon befindet sich im Veronikapfeiler der Peterskirche im Vatikan. In Wien erklärte

Von der Kirche als echt anerkannt: das Schweißtuch der Veronika mit dem Antlitz Jesu. (Schatzkammer Wien)

man sich das Vorhandensein eines weiteren Schweißtuches damit, dass es von Veronika mehrmals gefaltet worden war und daher mehrere Lagen existierten. Bei Trennung der Stofflagen muss es somit mehrere authentische Abdrücke geben.
Am Wiener Hof wurde diese Reliquie so sehr verehrt, dass sie ihrer Heilkraft wegen immer bei schweren Krankheiten und nahem Tod aus der Schatzkammer geholt wurde. So soll sie am Sterbebett der Witwe Kaiser Karls VI. und sogar bei sämtlichen Entbindungen Maria Theresias aufgestellt worden sein.
Die katholische Kirche anerkennt das Wiener Tuch, gemeinsam mit den beiden anderen, als echt. In der Wiener Schatzkammer hingegen räumt man ein, dass es sich möglicherweise doch (nur) um eine von fünf Kopien handeln könnte, die im Jahr 1616 vom Vatikaner Original angefertigt worden waren, bevor Papst Paul V. derlei unter Androhung der Exkommunikation verbot. Auf den vergoldeten Kupferplatten des Rahmens ist der Bannspruch Papst Paul V. eingraviert, der denjenigen trifft, der ohne päpstliche Erlaubnis eine Kopie des Schweißtuches herstellt. Eine Untersuchung des Wiener Schweißtuchs, die sein Alter und mögliche Herkunft aufklären könnte, wurde allerdings noch nie vorgenommen.

Tipp

SCHATZKAMMER WIEN, Schweißtuch der Veronika

5

DIE TEMPLER

Vorhergehende Doppelseite: Das Blut der hier ermordeten Templer soll bis zum Konvent des Deutschen Ordens geflossen sein: die Blutgasse.

Die Templer – einer der geheimnisvollsten Ritterorden des Mittelalters – sind bis heute rätselhaft geblieben. Obwohl Gegenstand umfangreicher Forschungen, ranken sich noch immer Mythen und Legenden um ihre Existenz und ihre grausame Ausrottung.
Eine kurze Zusammenfassung aus der fast unübersehbaren Fülle der Literatur zur Geschichte des Templerordens möge unsere Spurensuche einleiten: Neun französische Adelige gründeten im Jahr 1118 einen Orden, der sich zur Aufgabe setzte, die Pilger auf ihrem Weg nach Jerusalem zu beschützen. Zu diesem Zweck erhielten sie vom ersten König von Jerusalem, Balduin I., dem Bruder Gottfried von Bouillons, die Erlaubnis, auf dem Jerusalemer Tempelberg ihr Quartier aufzuschlagen; daher auch der Name Tempelritter. Allerdings, so wird berichtet, taten die Templer nichts dergleichen, was im Entferntesten an Schutz der Pilger denken lässt. Sie schlugen keine Feinde in die Flucht, vereitelten keine räuberischen Überfälle, versahen keinen Kranken- oder sozialen Dienst. Was also taten sie auf dem Tempelberg?
Wie Legenden berichten, hielten sie sich in den unterirdischen Gewölben auf und gruben nach dem verschwundenen Tempelschatz. Die Legenden berichten weiter, dass sie diesen auch gefunden hätten, denn so plötzlich wie die Templer kamen, verschwanden sie auch wieder aus Jerusalem und zogen heimwärts gen Frankreich. Was sie dort mit dem angeblich erbeuteten Schatz taten, füllt mittlerweile Bibliotheken. Denn die Frage nach dem Verbleib des Grals, des Schaubrottisches und der Bundeslade, welche sich angeblich bei dem Schatz befunden hätten, wird seit jener Zeit immer wieder gestellt. Beantworten konnte sie aber bis heute niemand.
Eine andere Frage wird ebenso häufig gestellt: Wer gab den Templern den Auftrag, nach Jerusalem zu reiten und den Tempelschatz zu suchen? Wer fühlte sich dazu legitimiert?
Die Antwort der „Gralsforscher“: Die Kreuzzüge hatten die Aufgabe, das rechtmäßige Erbe der Merowinger zurückzuholen, mit Hilfe der französischen Adeligen, die als Templer nach Jerusalem gingen. Dort fanden sie die Dokumente und Beweise der Blutlinie. Das soll der wahre Schatz gewesen sein. Eine gewagte Theorie? Fiktion oder Wahrheit?

TEMPLERLEGENDEN

Legenden um das Wirken der Templer und den Verbleib ihrer Schätze gibt es seit Jahrhunderten. Belege für die Flut an Behauptungen sind spärlich und halten wissenschaftlicher Überprüfung meist nicht stand.

Unter anderem sagt man den Tempelrittern nach:
- Die Einführung der gotischen Bauweise, insbesondere den plötzlich überall in Europa auftretenden Kathedralenbau.

- Die Entsendung nach Jerusalem mit dem Auftrag der Rückholung des Tempelschatzes nach Frankreich durch den geheimen Orden der Prieuré de Sion. Im Laufe der Jahrhunderte seien fast alle führenden Köpfe Mitglied oder sogar Großmeister dieses Ordens gewesen, unter anderem Leonardo da Vinci und die Habsburger. Allerdings hat man diesen Orden als Schwindel entlarvt. Er wurde wohl von Pierre Plantard im Jahr 1953 erfunden.
- Die Auffindung des Jerusalemer Tempelschatzes. Sie seien die Hüter des Heiligen Grals gewesen.
- Die Entdeckung Nordamerikas um 1400, noch vor Columbus und Leif Erikson, dokumentiert mit Manuskript und Landkarten aus 1558 von Nicolo Zeno. Darstellungen von amerikanischer Flora und Fauna finden sich in der 1446 errichteten Rosslyn Chapel in Schottland.
- Ihr Fortbestehen in Schottland, da sie dort nie verfolgt wurden.
- Die Zuflucht in andere Orden im übrigen Europa und Gründung der Freimaurer.
- Das Auslösen der Französischen Revolution.
- Sogar mit der Gründung der Schweiz werden die Templer in Zusammenhang gebracht. Während der Schlacht von Sempach 1315 sollen wie aus dem Nichts zahlreiche Ritter in weißen Mänteln mit rotem Kreuz aufgetaucht sein und für die Niederlage der Österreicher gesorgt haben. Herzog Leopold III. wurde dabei erschlagen. Ihr während der Kreuzzüge hoch entwickeltes „Bankensystem" und das „Gold der Templer" sollen dem jungen Staat zu seiner Bedeutung verholfen und ihm schließlich auch sein Wappen gegeben haben.

Die Vorstellung, dass Freitag der 13. ein Unglückstag ist, soll auf den Tag der Festnahme der Templer in Frankreich zurückgehen. Am Freitag, den 13. Oktober 1307 wurde das Ende der Templer eingeleitet.
Im Jahr 2001 entdeckte die italienische Historikerin Barbara Frale durch Zufall Templer-Dokumente in einem falsch abgelegten Ordner der Vatikanischen Archive und informierte den Archivar darüber. Dieser legte sie einer Historikerkommission vor, die sechs Jahre lang prüfte und die Echtheit der Dokumente bestätigte. Am 25. Oktober 2007 gab der Vatikan die im 17. Jahrhundert verloren gegangenen Templerakte endlich der Öffentlichkeit frei, gleichzeitig mit dem Eingeständnis der ungerechtfertigten Anklage und Ermordung der Templer. Dieser Jahrhundertfund nährt natürlich die Hoffnung auf noch weitere falsch abgelegte oder absichtlich versteckte Inquisitionsdokumente, welche die volle Wahrheit über die Templerprozesse ans Licht bringen könnten.

DIE TEMPLER IN ÖSTERREICH

Zum Thema „Templer in Österreich" geben die Publikationen von Gerhard Volfing und Neundlinger/Müksch Auskunft:
„Über die Anwesenheit der Templer in Österreich gibt es leider kaum Dokumente. Urkundlich nachweisbar hatte der Orden in Österreich nur wenige Besitzungen, die zudem der mährischen Komende in Scheikwitz unterstanden. Urkunden aus der Zeit zwischen 1298 und 1303 sowie Babenbergischen Urbaren zufolge war der Templerorden in Wien, Fischamend, Rauchenwarth und Schwechat begütert. Weiter gibt es aus der Zeit der Auflösung des Ordens ein Schreiben Clemens V. an den österreichischen Herzog, worin dieser ermahnt wird, in seinen Gebieten weilende Templer unverzüglich zu verhaften und den zuständigen Bischöfen auszuliefern. Eine Urkunde aus dem Jahre 1309 berichtet, dass die Templer ‚all ihr Gut, das sie haben', zu Fischamend, Rauchenwarth und Schwechat verkauft haben. Eventuell übriger Templerbesitz wurde – wie auch in anderen Ländern – vom Landesfürsten eingezogen und an die Johanniter oder an den Deutschen Ritterorden vergeben. Während die Templer in Frankreich unbarmherzig verfolgt wurden, war die Situation in Deutschland und wohl auch in Österreich für sie weitaus günstiger: Die meisten von ihnen gingen bald wieder frei, traten wohl in die zwei anderen Ritterorden über oder gaben überhaupt die mönchische Berufung auf. Die angebliche Ermordung von

Der Karner von St. Othmar, Mödling/NÖ.

Templern in Österreich im Zuge der Ordensauflösung gehört eindeutig in das Reich der Sage", meinen die Autoren.
„Die Ausbreitung des Ordens der Tempelritter erfolgte in Europa über Frankreich und Burgund hinaus zuerst in das Deutsche Reich. Einige Besitztümer in Böhmen, Mähren und Österreich unterstanden anfangs dem ‚Prezeptor per allemaniam'. Später wurden eigene Komtureien in Prag, Brünn und in Scheikwitz, Südmähren gegründet. Das um das Jahr 1200 in Wien gegründete Ordenshaus sowie die uns bekannten aus der zweiten Hälfte des 13. Jahrhunderts stammenden Besitztümer unterstanden dem Konvent in Scheikwitz", so Gerhard Volfing in seinem Buch „Die Spuren der Templer in Österreich". Seine akribischen Recherchen in den Archiven brachten Licht ins Dunkel der österreichischen Templergeschichte.
Die Forschungen anderer Historiker haben noch weitere Templerbesitzungen in Niederösterreich zu Tage gefördert. Dazu gehörten unter anderem der Karner der St. Othmarkirche in Mödling und die Rundkirche von Petronell sowie etliche Wehrkirchen und Wirtschaftshöfe an der Strecke zwischen Brünn und Wien. Einer der bedeutendsten Wirtschaftshöfe dürfte in Kronberg, zwischen Wolkersdorf und Ulrichskirchen, gewesen sein. Über die Funde unter der ehemaligen Burg, das goldene Kreuz und den dreigesichtigen Kopf wird an späterer Stelle berichtet.
Somit dürfte zweifelsfrei feststehen, dass es Templerbesitz in Österreich gab und dieser an strategisch günstigen Orten auf dem Weg nach Jeru-

Die Templerkirche von Petronell/NÖ.

salem angesiedelt war. Die daraus resultierende wirtschaftliche Bedeutung der Komtureien und Wirtschaftshöfe lässt sich mancherorts noch heute erahnen. Schließlich verlief der Hauptpilgerweg der Kreuzzüge entlang der Donau ins Heilige Land und führte auf einem guten Stück davon durch das heutige Österreich. Die Komturei in Brünn war somit eine der großen Sammelstellen der Kreuzfahrer, die dann über die kleineren Niederlassungen der Templer in Retz, Guntersdorf, Schöngrabern, Stockerau und Korneuburg nach Wien zogen. Die nächste Sammelstelle war Hainburg am Zusammenfluss von March und Donau, und zwar am Braunsberg, wo der Sage nach ein Kreuz im Fels schon von weitem sichtbar den Kreuzfahrern den Weg wies.
„Die Auflösung des Templerordens verlief in Österreich weniger spektakulär als die in Frankreich. Obwohl in Frankreich mit der Verhaftung der Ritter bereits 1307 begonnen wurde, befindet sich im Staatlichen Archiv in Prag eine Urkunde aus dem Jahre 1309, die mit dem Siegel des Ordenshauses zu Scheikwitz versehen ist. Diese belegt, dass die Tempelritter in Österreich zu diesem Zeitpunkt rege Geschäfte abwickelten. Trotz dessen wurden viele Urkunden über Besitztümer der Templer in Österreich vernichtet. Dies führte soweit, dass in der früheren Literatur die Existenz des Ordens hierzulande bezweifelt wurde", schreibt Volfing über das Ende der Templer. Daraus lässt sich ersehen, warum die Fakten so spärlich sind und der Spekulation daher ein breiter Raum gewidmet wird.

DIE TEMPLER IN WIEN

Die Ansiedlung der Templer in Wien erfolgte spätestens unter der Regierung des Babenbergerherzogs Leopold des Glorreichen, vermutlich aber schon früher. Der Deutsche Orden und die Johanniter hatten zu dieser Zeit bereits Besitz in Wien.
Die wichtigste Urkunde über den Besitz der Templer ist jene aus dem Schottenarchiv in Wien: „Anhand einer auf Pergament geschriebenen Urkunde, die sich im Schottenstift in Wien befindet, ist einwandfrei die Existenz der Templer innerhalb der Mauern Wiens belegt. Leider sind sowohl das Siegel der Abtei als auch das Siegel des Templerkonvents von Scheikwitz und des Komthurs verloren gegangen.
Urkunde 4: 30. September 1302; Bruder Ekko, Komthur des Tempelordens, beurkundet einen Vergleich zwischen dem Tempelhause zu Scheikwitz und dem Schottenabte Wilheim, wodurch der Streit über einen Zins vom Domvogtshofe in der Domvogtsstaße beigelegt wurde."
(Diplomarbeit Zagorov)

An Hand von Urkunden können Besitztümer der Templer innerhalb der Stadtmauern Wiens belegt werden: eine Kirche namens **Sancta Maria Rotunda**, die sich an der östlichen Stadtmauer befand. Diese Rundkir-

Alter Templerbesitz in Wien: die Dominikanerkirche Sancta Maria Rotunda.

che wurde laut einem Dokument von Herzog Leopold V. (1157–1194) im Jahr 1186 für die Templer gestiftet und 1225 den Dominikanern übergeben. Auch in den Annalen des Dominikanerklosters ist vermerkt, dass ihr Grundstück vormals im Besitz der Templer war. Bei Führungen durch das Dominikanerkloster zeigen die Mönche auch gerne die Wandmalerei aus der ältesten Bauphase. Man sieht Fresken mit Radkreuzmalerei, deren Rand mit Spruchbändern verziert war. Leider sind diese heute nicht mehr lesbar. Eine Kopie eines nicht mehr erhaltenen Freskos zeigt ein großes und vier kleine Templerkreuze. Um das Kloster herum befand sich einst ein Friedhof, der keinem Bischof, sondern nur dem Kloster unterstellt war. Volfing folgert daraus, dass es gut möglich sei, dass Templer hier begraben wurden.
Über den Templerbesitz in der Bräunerstraße ist wenig bekannt, außer dass es sich um einen Wirtschaftshof mit Backstube gehandelt haben soll.

Die **Virgilkapelle**, die Krypta unter der Maria-Magdalena-Kirche am Stephansplatz, wird trotz fehlender schriftlicher Dokumente den Templern zugeschrieben. Sie fand als Versammlungsraum der Templer bisher nicht den gebührenden Niederschlag in der Fachliteratur. Wir widmen ihr deshalb an späterer Stelle eine ausführliche Beschreibung.

Die Wiener **Blutgasse** hinter dem Stephansdom fand als Ort eines grausamen Meuchelmordes Eingang in das österreichische Sagengut.

Kellerfenster im Deutschordenshaus, Blutgasse.

Die Blutgasse war angeblich jener Ort, an dem im Jahre 1312 die Templer grausam ermordet wurden. Zuvor waren sie bereits in Frankreich ausgerottet worden, an einem Freitag, den 13. Oktober 1307. In Wien seien sie in solcher Zahl abgeschlachtet worden, dass ihr Blut durch die Gasse bis zum Deutschordenskonvent floss.
Bis zum heutigen Tag spricht man von diesem Meuchelmord und Freitag der 13. ist seither in jenen Ländern, wo die Templer so grausam ermordet wurden, ein Unglückstag. Ob diese Sage in ihrem Kern der Wahrheit entspricht, ist nicht bekannt. Sie widerspricht dem eingangs zitierten Text von Volfing über die angebliche Ermordung von Templern in Österreich. Wir möchten hier lediglich verschiedene Aussagen zur Diskussion stellen.

Der legendäre Templerschatz

Die Sage von den Templern und ihrer Ermordung in der Blutgasse berichtet über deren Schatz und sein Versteck. Bei ihrer Flucht sollen sie hastig ihre Schätze im Fähnrichshof vergraben haben, darunter das sprechende Haupt, Baphomet genannt. Dieser Hof befand sich gegenüber dem Deutschordenshaus, in der Blutgasse 5–9. Heute stehen hier noch die alten Häuser des Ensembles. Eine mächtige, alte Platane spendet Schatten im Innenhof. Die Sage berichtet, dass in ihrem Stamm ein Templerschwert stecke, welches heute bereits vom Holz fast vollständig

In den unterirdischen Gewölben des Fähnrichshofs, Blutgasse 5–9, soll der sagenhafte Schatz der Templer vergraben sein.

eingeschlossen sei. Ein kleiner Rest einer Eisenspitze lugt gerade noch heraus, bald wird auch dieser verschwunden sein. So wächst langsam Gras oder besser Holz über die Templersagen.
Manch einer versuchte, den Templerschatz in den unterirdischen Gängen des Fähnrichshofes zu finden. Den genauen Ort des Templerverstecks kennt jedoch niemand. Die Keller und Gänge aber gibt es noch und auch eine unterirdische Verbindung zum Deutschordenshaus. Kann der Schatz tatsächlich dort versteckt worden sein? Oder sich gar heute noch in den Kellern des Fähnrichshofes befinden?

Virgilkapelle – Kraftort und geheimer Versammlungsraum der Templer?

Der Stephansplatz ist einer der stärksten Kraftorte Wiens. Seit Jahrhunderten wurden an diesem Platz Gotteshäuser errichtet – immer wieder, nach Bränden, Zerstörungen und Kriegen. Der romanisch-gotische Dom, wie er heute zu sehen ist, stammt aus dem Jahr 1137. Dieses Datum bestätigt eine Urkunde, der „Tauschvertrag von Mautern", worin ein Gütertausch zwischen dem Markgraf Leopold IV. und dem Bischof von Passau zum Zwecke der Errichtung einer Kirche bestätigt wird. Die Archäologen fanden jedoch am selben Platz elf Schichten von früheren Kirchen und Friedhöfen. Der Stephansplatz als Kultplatz ist also

wesentlich älter und geht vielleicht sogar bis in keltische Besiedlungszeit zurück.
Direkt neben dem Stephansdom, heute nur mehr durch rötliche Pflastersteine erkennbar, befand sich einst die Maria-Magdalena-Kirche mit ihrer unterirdischen Krypta, der heute so genannten Virgilkapelle. Ein Fenster in der U-Bahnstation Stephansplatz erlaubt einen Blick in diese Krypta, der Schaukasten daneben informiert über die Entstehungsgeschichte.
Perger und Brauneis geben eine umfassende Übersicht über die Besitzer der Kirche und ihrer Krypta im Laufe der Geschichte. Die Magdalenakirche ist seit 1301 urkundlich nachweisbar. Die Krypta entstand zwischen 1235 und 1245 als „capella subterranea" in zwölf Metern Tiefe. Dieses Entstehungsdatum hat sowohl die kunsthistorische Expertise als auch eine astronomische Vermessung der Achsenausrichtung auf den Sonnenaufgang am 13. Oktober der Jahre 1235–45 ergeben.

Unterirdische Krypta, die von den Templern als geheimer Versammlungsraum genützt worden sein könnte: die Virgilkapelle.

Die Entdeckung der Krypta

Im Zuge des Wiener U-Bahnbaus unter dem Stephansplatz im Jahr 1973 stieß man unvermutet auf einen Hohlraum. Die Baggerschaufeln räumten den Schutt weg und was nach beinahe 200 Jahren hier wieder ans Tageslicht kam, waren die geheimnisvollen Überreste einer vergessenen Kirche, der ab nun Virgilkapelle genannt wurde. Es ist ein 10,5 Meter langer und 6 Meter breiter rechteckiger Raum, zwölf Meter unter dem heutigen Pflasterniveau und ehemals 14 Meter hoch. Sechs Apsiden oder Rundnischen gliedern den Raum.
Der Kultraum war fensterlos, nur mit einem Licht- oder Luftloch in der Decke ausgestattet. Wo sich der Zugang befand, ist bis dato ungeklärt. Ob über eine Falltüre von der Magdalenakirche aus oder über einen eingezogenen Zwischenboden mit Treppenabgang, man weiß es nicht. Ein Zugang von außen konnte nicht gefunden werden. Vor der Ostnische, also dort, wo sich der Altar befinden sollte, fand man die Reste einer Zisterne, so auch vor der Westnische. Beide Zisternen waren wohl für die liturgische Nutzung von Bedeutung. Für welche, bleibt geheimnisvoll.
Über der Krypta befand sich die Maria-Magdalena-Friedhofskirche. Im Jahre 1732 wurde der Friedhof um den Dom aufgelassen. Die Magdalenakirche brannte im Jahr 1781 ab und wurde nicht wieder aufgebaut. Die Krypta wurde zugeschüttet und geriet in Vergessenheit. Erst beim U-Bahnbau stieß man wieder – zur allgemeinen Überraschung – auf die intakten Gewölbe. Zum Glück war der gesamte Kultraum unbeschädigt und konnte von den Archäologen komplett geborgen werden. Dort entdeckten sie einen Altar zu Ehren des Hl. Virgils.

Missionar und Geometer

Virgilius (*Irland 700, +Salzburg, 27. November 784), ein irischer Königssohn, verließ nach seiner Ausbildung im Kloster Iona die Heimat mit zwei Gefährten, um auf dem Festland für den Glauben zu wirken. Nachdem er zwei Jahre am Hof Pippins des Kurzen, tätig war, berief man ihn zum Abt in St. Peter in Salzburg, wo er ab dem Jahr 755 als Bischof tätig war.

„Virgil wusste, wie er mit seinen noch immer heidnischen Schäfchen umgehen musste, und tolerierte offenbar oder integrierte sogar die heidnischen Feste in den christlichen Jahresablauf. Bonifatius denunzierte ihn beim Papst just am 1. Mai (Beltane) 748, nämlich dass dieser Ire eine Lehre von einer ‚anderen' Welt und anderen Menschen unter der Erde und auch über eine andere Sonne und einen anderen Mond vertrete, einfach noch immer den heidnischen Glauben anerkenne", schreibt Georg Rohrecker in seinem Buch „Die Kelten Österreichs".

Virgil oder Fergil der Geometer, wie er genannt wurde, war universal gebildet, ein Gelehrter auf den Gebieten der Theologie, Philosophie, Geschichtsschreibung, Astronomie und Mathematik. Hatte Fergil seinen Beinamen Geometer auf Grund seiner geographisch-mathematischen Gelehrsamkeit oder betätigte er sich auf seinen Missionierungsreisen tatsächlich als Geometer? Diese Meinung vertritt zumindest Inge Resch-Rauter in ihren Büchern über unser keltisches Erbe. Sie zieht auch eine Parallele zum Hl. Koloman, der ebenfalls ein irischer Königssohn, Missionar und Geometer war und in der Virgilkapelle begraben werden sollte.

Grabkapelle für den Hl. Koloman

Koloman (*Irland, Datum unbekannt, + 17. Juli 1012 Stockerau) war ein irischer Königssohn, der eine Pilgerreise ins Heilige Land unternahm. In Stockerau/NÖ wurde er als Spion verdächtigt, gefangen genommen und hingerichtet. Am 13. Oktober 1014 wurde der Leichnam des Hl. Koloman nach Melk überführt, wo er heute noch begraben ist.

Hatte seine angebliche Spionage möglicherweise auch mit Landvermessung zu tun? Sein Name Koloman setzt sich aus dem keltisch-bretonischen Wörtern *col* (= „schlank") und *men* (= „Stein"), also schlanker Stein, zusammen. Schlanke, hohe Steine wurden von den keltischen Druiden als Vemessungssteine und Sonnenstandsanzeiger verwendet. War Koloman, wie sein Name sagt, nicht (nur) auf der Pilgerreise nach Jerusalem, sondern (auch) als Landvermesser und Kalenderrechner unterwegs?

1014 wurde Koloman von Stockerau nach Melk gebracht und dort begraben. Ein auffälliger schlanker, hoher Stein stand über Jahrhunderte auf dem Felssporn über der Donau, auf dem das barocke Bene-

Der Kolomanistein im Stephansdom.

diktinerstift Melk errichtet wurde. Ein Zeigerstein? Eine Vermessungsmarke? Leider gibt es diesen hohen Stein seit dem Bau der Umfahrungsstraße nicht mehr. Nur mehr alte Ansichtskarten zeigen die Stelle, wo er gestanden hat.

Die unterirdische Krypta der Magdalenakirche sollte wohl ein Grabmausoleum für den Hl. Koloman werden. Der Kolomanskult war im Mittelalter sehr beliebt, auch bei Herzog Rudolph IV., genannt der Stifter, (1339–1365), der den Neubau des gotischen Stephansdoms veranlasste und den „Kolomanistein" im Bischofstor, über der Schwelle des Nordportals, im Jahr 1361 einmauern ließ. Unter den Stein, über den das Blut des Hl. Koloman geflossen sein soll, legte der Herzog persönlich viele Reliquien. Dieser Stein ist hinter der Türe des Schriftenstandes noch erhalten und die Mulde, die durch die jahrhundertelange Berührung entstanden ist, kann man deutlich sehen und spüren.

Die astronomische Ausrichtung der Virgilkapelle mit 7°35´ Süd von der exakten Ostrichtung, auf den Sonnenaufgang des 13. Oktober der Jahre 1235–1245 nach dem Julianischen Kalender, bestätigt die Vermutung, dass seine Grablege geplant gewesen sein muss, weil auch die Überführung der Gebeine des Hl. Koloman an einem 13. Oktober stattgefunden hat.

Wurden in der unterirdischen Krypta zwei Geometer verehrt, die mathematisch-astronomisches Wissen nach Österreich brachten? Gibt es eine Parallele zu den Templern?

Ein Templerkultraum? Bis Freitag, 13. Oktober 1307?

Die Krypta wird merkwürdigerweise in keinem Dokument des 13. Jahrhunderts erwähnt. Daraus schließen Historiker, unter anderem Perger/Brauneis, dass die Krypta als Koloman-Mausoleum zwar geplant war, jedoch niemals als solches verwendet wurde. 1246 starben die Babenberger mit Friedrich II. im Mannesstamm aus und so könnte der Mausoleumsplan noch vor Nutzungsbeginn aufgegeben worden sein. Die Krypta ging 1307 in den Besitz der Kaufmannsfamilie Chrannest über, die den Raum bis 1340 nutzte. Sie errichteten einen Virgilaltar, der dem Kultraum zu seinem heutigen Namen verholfen hat.
Nachdem die Chrannests ausgestorben waren, wurde das Gebäude im 16. Jahrhundert zum Versammlungsort der Kaufmannsbruderschaft und der neu gegründeten Fronleichnamsbruderschaft. Hier wird erstmals eine historisch belegte Nutzung durch eine Bruderschaft bezeugt, die möglicherweise nicht die erste war.
Könnte die Krypta von den Templern genutzt worden sein? Diente dieser unterirdische Raum den Templern einst als geheimer Versammlungsort?
Der Zeitraum zwischen der Entstehung der Krypta um 1235 und der Beginn der Ausrottung der Templer in Frankreich am 13. Oktober 1307 könnte der gesuchte Zeitraum sein. Die Bürgerfamilie Chrannest erhielt die Kapelle im Jahr 1307, lesen wir in der Chronik. Zufall oder historischer Zusammenhang? Mussten die Templer die Kapelle 1307 aufgeben, haben sie vorsorglich ihre Versammlungen anderenorts verlegt? Allein das Fehlen von historischen Dokumenten über einen Templerkultraum auf dem Stephansplatz spricht eine beredte Sprache. Nur im Wiener Sagengut hält sich noch hartnäckig die Blutgasse als jener Ort des Grauens, wo die Templer bestialisch ermordet worden seien. Sie befindet sich hinter dem Stephansdom, also nur wenige Meter von der Virgilkapelle entfernt.

Radkreuze in der Virgilkapelle – Templer-Tatzenkreuze?

Ein weiteres Indiz für eine Templerpräsenz in der Virgilkapelle ist die Wandmalerei der sechs Rundnischen, die byzantinischen Radkreuze in den Apsiden. Die Kunsthistoriker anerkennen zwar den orientalisch-byzantinischen Einfluss, sind sich aber über die Templerzuordnung nicht einig. Es sind rote Kreuze im Doppelkreis mit Zackenmuster, in sechs verschiedenen Mustern ausgeführt. Jedes davon zeigt ein rot ausgemaltes Kreuz und einen jeweils unterschiedlichen Zacken-Doppelrand. Die Radkreuze zeigen deutliche Ähnlichkeit mit dem Wachssiegel, welches auf Templerurkunden verwendet wurde. Das sogenannte Tatzenkreuz ist das Symbol der Tempelritter. Nach Meinung der Templerforscher symbolisieren die acht Spitzen um den Mittelpunkt das Netzwerk der neun Gründungsmitglieder des Jahres 1118.

Ein Baphomet-Kopf in der Virgilkapelle?

Rätsel gibt den Kunsthistorikern ein Detail der Kapelle auf, das bis dato nicht gedeutet werden konnte. Es ist die Darstellung eines Kopfes, übrigens das einzige figürliche Detail der Kirche. „Es ist ein en face wiedergegebener Kopf mit weit aufgerissenen Augen, von dem aber nur mehr die Hälfte erhalten geblieben ist. Er ist mit flüchtigen, für die Gotik untypischen, Pinselstrichen ausgeführt. Der Kopf befindet sich knapp über dem Kapellenboden, auf der östlichen Seitenwand der nördlichen Nische des Ostjochs", erfuhren wir nach Rückfragen im Wien Museum.
Die Fakten und Dokumente über diese geheimnisvolle Krypta sind spärlich. Umso mehr Raum nehmen die Vermutungen und Spekulationen ein. So bleiben uns nur die sichtbaren Zeichen wie:

- Templerkreuze und das Fragment eines merkwürdigen Portraitkopfes als Wandmalerei,
- die Architektur der fensterlosen Krypta mit zwei Brunnen,
- ein Licht- bzw. Luftloch in der Decke für mögliche Himmelsbeobachtung.
- Das Entstehungsdatum 1235 ist gleichbedeutend mit der Templerpräsenz in Wien.
- Der Besitzerwechsel im Jahr 1307 lässt einen Zusammenhang mit der Ermordung der Templer in Frankreich am 13. Oktober 1307 vermuten.

Tipp

VIRGILKAPELLE (Wien 1, in der U-Bahn-Station Stephansplatz)
Die Virgilkapelle wurde 1973 im Zuge des U-Bahnbaues entdeckt und als Museum in die Station Stephansplatz integriert. Zurzeit geschlossen, nur durch ein Glasfenster zu sehen.

Templer im Kahlenbergerdorf

Ein zum Großteil völlig unbekannter Templerbesitz dürfte sich im Kahlenbergerdorf befunden haben. Auch hier ist die Dokumentenlage dürftig. Der Kahlenbergerdorfer Geschichtsverein und die Kuratoren des Döblinger Bezirksmuseums bemühen sich um Aufklärung der historischen Hintergründe über einen vermuteten Templerbesitz.
Der ehemalige Fischer- und Weinbauernort Kahlenbergerdorf, heute zum 19. Wiener Bezirk gehörend, liegt am Fuß des Leopoldsberges, an der Mündung des von der Minnewiese kommenden Waldbachsteigs in die Donau. Das einstige *Calendorf* ist seit dem 8. Jahrhundert urkundlich nachgewiesen. Im 14. Jahrhundert wird es als „oppidum", also befestigt, bezeichnet. Schon die römische Limesstraße von Tulln (Com-

Die romanische Pfarrkirche des Kahlenbergerdorfes – ein Templerbau?

magene) nach Carnuntum führte durch das Kahlenbergerdorf und besteht noch heute als Wigand-und Bloschstraße.
Die Babenberger hatten ein sogenanntes „festes Haus" mit Wirtschaftshof und Stallungen neben der heutigen Georgskirche, welches in seinen Grundmauern noch heute besteht. Die Habsburger unterhielten ein Jagdschloss, heute noch in der Bloschstraße zu sehen, der kaiserliche Wildgarten zog sich entlang des Waldbachsteigs. Der Eingang beim Nasenweg zeigt noch das Kaiserwappen und das Klosterneuburger Stifts-Wappen.

Die ehemalige Johanneskirche – ein Templerbau?

Die Chronik der romanischen Pfarrkirche des Kahlenbergerdorfes berichtet, dass das Gotteshaus im Laufe der Jahrhunderte mehrmals sein Patrozinium gewechselt habe. Im 12. Jahrhundert sei an dieser Stelle ein herrschaftlicher Ansitz mit einer Georgskapelle gestanden, danach errichtete man die romanische Kirche und weihte sie dem Hl. Johannes dem Täufer. Dieses Patrozinium wurde erst nach der zweiten Türkenbelagerung 1683 und der anschließenden Barockisierung der Kirche in ein Georgspatrozinium umgeändert.
Ein interessantes Detail: Heute noch feiert man den beliebten Kahlenbergerdorfer Kirtag jährlich am 29. August, am Festtag der ursprünglichen Johanneskirche vor 1683, und nicht am Georgstag, dem heutigen

Einst dem Hl. Johannes geweiht: St. Georg im Kahlenbergerdorf.

Patrozinium entsprechend. Die alten Bräuche sind offenbar nicht auszurotten. Als Sagen und Brauchtum bleiben sie im Gedächtnis der Menschen erhalten.
Die Templer bauten Rundkirchen, meist Wehrkirchen, und achteckige Karner. Ihre Kirchen sind Johannes dem Täufer, ihrem Schutzpatron gewidmet. Die Tatsache, dass die heutige Georgskirche im Kahlenbergerdorf eine dem Johannes geweihte Rundbau-Wehrkirche mit achteckigem Karner war, lässt einen Templerbesitz vermuten. Karner und Rundkirche sind noch erhalten. Der Karner unter der Kirche ist begehbar und der romanische Rundbau bildet die Apsis der heutigen Barockkirche. Der ehemals romanische und früher freistehende Turm mit unterirdischen Geheim- bzw. Fluchtgängen zu den Häusern und zur Donau ist ebenfalls noch begehbar.

Die Johannesschüssel – und ein merkwürdiger Brauch

Ein im Mittelalter entstandener Kult – die Verehrung von Johannesschüsseln – hat sich im Kahlenbergerdorf bis in unsere Zeit erhalten. In der Kirche bewahrte man eine Schüssel mit einem hölzernen Johanneskopf auf, welche sich heute im Stiftsmuseum Klosterneuburg befindet.
Prof. Apfel vom Bezirksmuseum Döbling berichtet über den Brauch, nach in der Donau Ertrunkenen mit der Johannesschüssel zu suchen.

Das Donauweibchen vom Kahlenbergerdorf. Bronzeskulptur von Wolfgang Hutter am Georgsplatz.

Gefährliche Donauwelle: die Rückseite der Bronzeskulptur von Wolfgang Hutter.

In früherer Zeit, als die Donauschifffahrt noch gefährlich war und immer wieder Menschen in den Fluten ertrunken sind, hat man die hölzerne Johannesschüssel vom Ufer des Dorfes aus ins Wasser der Donau geworfen. Dort, wo sie der Strudel erfasste, war die Person ertrunken, und dort, wo die Schüssel wieder an die Oberfläche kam, musste man nach dem Ertrunkenen suchen.
Die Johannesschüssel wurde von den Gläubigen zur Heilung von Kopf- und Halsleiden benützt. Ein dreimaliges Umrunden des Altars mit der Johannesschüssel sollte vor Kopfleiden schützen. Der Heimatforscher Karl Lukan erzählt, dass die Männer den Hut und die Frauen ihr Kopftuch darauf legten und um Genesung baten. Als den Geistlichen dieser Kult zu heidnisch erschien, hängten sie die Schüsseln, die ursprünglich auf den Altären standen, höher auf, sodass die Menschen keine direkte Berührung mehr hatten, worauf diese dann den Hut hinaufwarfen. Daher soll lt. Karl Lukan der Ausdruck „I hau den Huat (d)rauf!“ kommen.
Aus dem Kahlenbergerdorf ist die einzige im Wiener Raum vorhandene Johannesschüssel bekannt.

Tipp

KAHLENBERGERDORF, zwischen Wien und Klosterneuburg gelegen, bekannter Weinbauern- und Heurigenort. St. Georgskirche: Messe sonntags 9.30 Uhr. Kirche nur zur Messfeier geöffnet. Beliebter Kirtag am 29. August.

DER BAPHOMET – DAS SPRECHENDE HAUPT ODER DIE QUELLE DER WEISHEIT DER TEMPLER

Einer der merkwürdigsten, Sagen umwobensten und am meisten missverstandenen Gegenstände, die die Templer besessen haben sollen, ist der „Baphomet“. Die Templerliteratur berichtet, dass aus einer Anklageschrift vom 12. August 1308 hervorgehe, die Templer seien bezichtigt worden, steinerne Köpfe als Heiligtümer anzubeten, denen sie die gleichen Eigenschaften und Wunderkräfte wie dem Heiligen Gral zuschrieben. Sie nannten diese sprechenden Köpfe „Baphomet“. Niemand weiß, wie der „Baphomet“ aussah, ja ob es ihn tatsächlich gegeben hat. Wunderdinge werden dem mystischen Gegenstand nachgesagt: von Zukunftsvorhersage bis Mannamaschine reichen die Beschreibungen. Die sprechenden Köpfe hat man sich als Hilfsmittel zur Kommunikation mit höheren Wesenheiten, also wie ein Funkgerät ins Jenseits vorgestellt. Manchmal identifiziert man damit auch die dreigesichtigen Steinköpfe, die an Kirchen und Templergebäuden gefunden wurden.

Außer Legenden und Vermutungen ist nichts vorhanden, was Licht auf diese dunkle Seite der Templer werfen könnte – keine Dokumente, keine Belege oder gar ein gesichertes Artefakt aus der Zeit. Manche Historiker vermuten darin eine Erfindung der Inquisition, die den Templern nachsagte, Götzen anzubeten. Diese vermeintliche Götzenverehrung nahmen Papst und König zum Anlass für die Ausrottung der Templer.

Erst im Jahr 2007 – mit genau 700-jähriger Verspätung – hat sich der Papst für die falsche Anklage und Verurteilung der Templer entschuldigt, nachdem sechs Jahre zuvor Inquisitionsdokumente aufgefunden worden waren.

Die Wortbedeutung von „Baphomet“ lässt sich nicht eindeutig erklären. Es gibt mehrere Auslegungen und Ableitungen aus dem Lateinischen, Griechischen und Arabischen. Einige davon sind: Im Griechischen bedeutet „Baphe Metis“ sinngemäß „Eintauchen in die Weisheit“. Im Lateinischen besteht sein Name aus der umgekehrten Folge der Anfangsbuchstaben folgenden Satzes: „Templum omnium hominum pacis abbas“ (der Tempel aller Menschen ist der Vater des Friedens) – also „tem-o-h-p-ab“ umgekehrt „ba-p-h-o-met“. Das Wort Baphomet könnte auch eine Verunglimpfung des arabischen Wortes „bahomed“ sein, was so viel bedeutet wie „Sohn des Einen“. Einer anderen Auslegung zufolge leitet sich das Wort aus dem arabischen „abufihamat“ („bufihimat“ ausgesprochen) ab, womit „Vater (Quell) der Weisheit (Erkenntnis)“ gemeint ist.

Die Codezahl des Baphomet 921

Das Wort „Baphomet" wurde von den Kabbalisten des Mittelalters, den Interpreten der jüdischen Geheimlehre, mit der Zahl 921 gleichgesetzt. Seine griechischen Buchstaben β (beta) =2, α (alpha) =1, φ (phi)=500, ο (*omikron*)=70, μ (*my*)=40, η (*eta*) =8, τ (*tau*) =300 ergeben in der Summe 921.
In der Zahlenmystik spielt es keine Rolle, ob die Zahlen 9-2-1 in ihrer Summe oder als Dezimalzahlen angeordnet sind, es geht nur um die Ziffern. Somit sind 921 oder 9, 21 oder 9 mal 21 gleichbedeutend. Auf diese Weise haben die Kabbalisten Wörter, deren Zahlensumme 921 beträgt, eine dem Baphomet gleiche Bedeutung zugeordnet.

Ein männlich-weiblicher Schöpferkopf?

Nach Meinung einiger Templerforscher sei Wien das Zentrum der geheimwissenschaftlichen Sektion der Templer, auf der Achse Augsburg–Wien–Genua, gewesen. Sie erklären den Baphomet als männlich-weiblichen Schöpferkopf, der, mit je einem Amethyst und einem Bergkristall versehen, durch elektrostatische Aufladung eines Haarzopfes einer Priester-Jungfrau in Schwingung versetzt wurde. Die aufgeladenen Edelsteine würden daraufhin einstrahlendes Sonnenlicht reflektiert und weitergeleitet haben. Solcherart sei kosmische Energie eingefangen worden.
Der bedeutende deutsche Altorientalist Eduard Meyer (1855–1930) meint, einen Baphomet-Kopf mit Zopf in Bagdad gefunden zu haben. Das Fundstück befindet sich im dortigen Museum. Meyer schreibt in seiner Geschichte des Alterthums:
„Die richtige Baphomet-Darstellung zeigt ein weiblich/männliches Doppelhaupt, das von einem Zopf, der von der weiblichen Kopfhälfte ausgeht, wie von einer Säule getragen wird. Es symbolisiert die beiden allschaffenden göttlichen Kräfte Männlich und Weiblich. Dies entspricht dem alten babylonischen Glauben. Hier wird auch das Wort Baphomet klar: Es heißt eigentlich: ‚Bab-Kome'; das bedeutet: ‚Tor zum Lichtstrahl' (Bab = Tor, Kome = Lichtstrahl). Wie auch der griechisierte Name Babylon eigentlich ‚Bab Ilu' heißt (= Tor zum göttlichen Licht). Durch Übertragungen vom Akkadischen/Babylonischen ins Altpersische, von da ins Arabische, dann ins Griechische und schließlich ins Lateinische wurde ‚Bab Kome' zunächst zu ‚Bakome' und endlich ‚Baphomet' verformt."

Der dreigesichtige Baphomet von Kronberg

Auch im niederösterreichischen Kronberg spricht man von einem Baphomet. Kronberg im Weinviertel, 30 Kilometer nördlich von Wien, lag an der Handelsroute zwischen Wien und der Scheikwitzer Komturei.

Als „Baphometkopf" interpretiert: der dreigesichtige Kopf von Kronberg.

Die Kronberger Komturei bestand aus einem Lazarett, einer Schäferei und einem Meierhof, der noch heute als Gebäude existiert. Eine Publikation des Vereins für Landeskunde NÖ aus dem Jahr 1903, die uns dankenswerterweise von Hannes Bauch vom Himmelkeller zur Verfügung gestellt wurde, berichtet ausführlich über die Templerniederlassung in Kronberg.

In dieser Ortschaft befand sich einst die Burg der Kranichberger aus dem 12. Jahrhundert auf einer Erdwallanlage, die ein keltisches Fürstengrab beherbergt. Unter diesem Berg, in 20 Metern Tiefe, erstreckt sich ein ausgedehntes Gangsystem – vermutlich einer jener rätselhaften Erdställe unter den sogenannten Hausbergen der Weinviertler Dörfer, deren Herkunft, Alter und Zweck unbekannt sind. Diese Burg, 1809 von Napoleon zerstört, wurde 1855 zum Abbruch freigegeben. Die Bevölkerung transportierte die behauenen Steine ab und verwendete sie zum Haus- und Kellerbau. In den Ruinen der Burg fanden sie Gegenstände, die mit dem Templerkreuz verziert waren, so z. B. Keramik Scherben, Schwerter, Speere und ein dreigesichtiges Steinrelief. Der bedeutendste Fund jedoch bestand aus einigen zwölf Zentimeter großen, aus vergoldetem Silber hergestellten Templerkreuzen. Sie waren mit einer Pyramide im Schnittpunkt der Kreuzbalken verziert, hatten eine Sonnenscheibe am unteren Ende sowie einen Fischschwanz-Anhänger – eine Darstellung, die ikonographisch nicht zuordenbar ist. Rätselhaft ist vor allem die Pyramide in der Mitte des Kreuzes. Die Kreuze wurden im Badener Rollettmuseum

Die unterirdische Kapelle von Kronberg im Weinviertel.

Abgeleitet von der „Blume des Lebens": das Templerkreuz

ausgestellt, wo sie leider seit dem Jahr 1944 abgängig sind. Zum Glück gab es Fotos, an Hand derer man eine genaue Kopie herstellen konnte. Das dreigesichtige Steinrelief aus der Burg der Kranichberger wird von Volfing und anderen als Baphometkopf interpretiert. Es ist eine außergewöhnliche Darstellung, denn die drei Gesichter entstehen aus der Kombination von nur zwei Köpfen. Das dritte Gesicht wird aus dem linken Auge des einen und dem rechten Auge des anderen und einem Mittelsteg als Nase gebildet. Es sind archaische Gesichter, grobe, breitflächige Darstellungen. Dieses Originalartefakt, die Keramikscherben der Templerkrüge, Schwerter, Speere und die Kopie des Templerkreuzes sind im Kronberger Museum „Himmelkeller von Prof. Hermann Bauch" zu besichtigen.

Baphomet – das Haupt des Johannes?

Der Brauch der Verehrung des Johanneskopfes und der Glaube an seine heilende Wirkung – wir haben im Abschnitt „Templer im Kahlenbergerdorf" darüber berichtet – erinnert stark an den sagenhaften Baphomet der Templer. Auch er soll Heilsspender gewesen sein. Das dreimalige Umrunden des Altars mit dem Johanneskopf in der Schüssel und seine offensichtliche Anbetung könnte Anlass für den Verdacht auf eine Götzenverehrung gegeben haben. Mutwillig, um die Anklage wegen Ketzerei zu rechtfertigen, oder aus Unwissenheit?

Bild des göttlichen Antlitzes?

Eine interessante und durchaus plausible Erklärung des Baphomet geben Neundlinger/Mücksch in ihrem Buch „Die Templer in Österreich“. Sie übersetzen das Wort Baphomet aus dem Griechischen und meinen, es wäre eine Verkürzung dreier Begriffe, nämlich von Basileos, Rhetos und Metaphora. Das daraus entstandene Wort BAPHOMET wäre daher griechisch zu lesen. Es handle sich um einen Ausdruck, der zwar Baphomet geschrieben, aber Bariomet ausgesprochen würde. Dadurch ergäbe sich eine ganz andere Bedeutung – und zwar nicht „sprechender Kopf“ oder „Quelle der Weisheit“, sondern „Bild des göttlichen Antlitzes“.
Um welches Bild kann es sich dabei gehandelt haben? Es muss unendlich wertvoll gewesen sein. So wertvoll, dass die Templer sogar dafür starben, mutmaßen die zitierten Autoren. Könnte es das Turiner Grabtuch oder das Tuch der Veronika mit dem Antlitz Jesu gewesen sein? Ist damit das uralte Rätsel gelöst?
Ein solches Bild des göttlichen Antlitzes existiert in Wien und wird in der Schatzkammer der Hofburg aufbewahrt: Das Wiener Schweißtuch der Veronika.

Tipp

GESAMTKUNSTWERK HIMMELKELLER,
2123 Kronberg im Weinviertel. Tel.: 0699/17442265.
Geöffnet Mai–November jeden SO und Ftg. ab 14 Uhr.
Führungen um 15 Uhr.

ZEICHEN UND SYMBOLE DER TEMPLER

Das Grundmuster – die „Blume des Lebens“

Man nimmt an, dass die Tempelritter das Wissen über die Heilige Geometrie aus Jerusalem mit nach Europa brachten; ein komplexes Wissen über mathematische und geometrische Gesetzmäßigkeiten, aus dem sich alle Schöpfung entwickelt. Die sogenannte „Blume des Lebens“ stellt das geometrische Grundmuster dar, aus dem die Heilige Geometrie abgeleitet wird – ein Muster, das in allen alten Kulturen bekannt war und seit der Gotik in Europa in vielen Kirchen, Klöstern und Kapellen zu finden ist. Besonders in der Konstruktion der Kirchen-

Die Blume des Lebens – das Urmuster des Templerkreuzes (Zeichnung G. Lukacs).

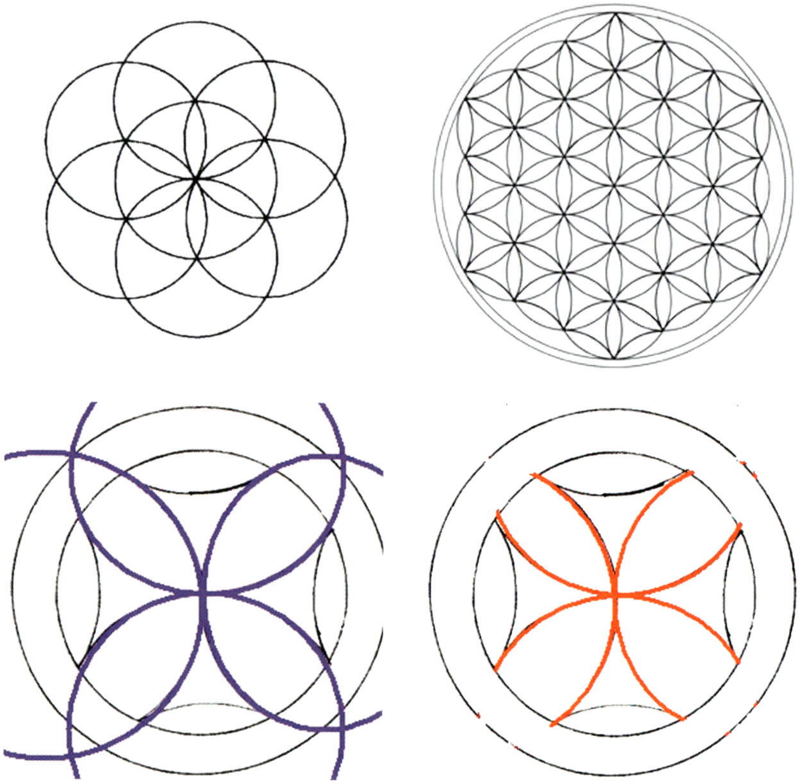

fenster und der Rosetten ist das Grundmuster wiederzuerkennen. In der Umgebung von Wien ist es sogar in Stein gehauen an der Fassade des Karners der Marienkirche in Deutsch Altenburg/NÖ zu entdecken. Die „Blume des Lebens“ darf dort mit den Templern in Verbindung gebracht werden. Sie zogen auf ihren Kreuzzügen nach Jerusalem durch Petronell, wo heute noch die Templer-Rundkirche steht, weiter durch Deutsch Altenburg und sammelten sich in Hainburg an der Donau, wo das weithin sichtbare Kreuz im Felsen den Kreuzfahrern den Weg wies.

Das geometrische Muster der „Blume des Lebens“ hat nicht nur symbolhafte Bedeutung, sondern wird auch für praktische Zwecke eingesetzt; so z. B. für Wasserbelebung oder Entstörung negativer Strahlung.

Das Zeichen kann sehr einfach mit dem Zirkel konstruiert werden. Die Grundform besteht aus sieben Kreisen, aus sechs einander überschneidenden und dem Mittelkreis. In der erweiterten Version sind es dann drei Reihen von einander schneidenden Kreisen, die von einem Doppelkreis umschlossen werden. Die Überschneidungen nennt man Fischblasen, Vesica Piscis oder Mandorla. Dieses Zeichen findet man sehr oft auf Kirchenportalen, wo Christus in der sogenannten Mandorla, also Mandel, oder Fischblase sitzend dargestellt wird.

Das Templerkreuz

Das rote Kreuz auf weißem Grund war ursprünglich das Zeichen aller Kreuzfahrer. Den Templern, die ja erst ab dem zweiten Kreuzzug teilgenommen hatten, wurde erlaubt, ebenfalls auf ihrer Rüstung dieses Kreuz mit roten Balken zu tragen. Seit dem Jahr 1146 verwendeten die Templer das bekannte achtzackige Tatzenkreuz. Eine Variante davon ist das schwarze Deutschordenskreuz und das eingekerbte Malteserkreuz. Das Templerkreuz erscheint auch in abgewandelter Form mit gebogenen oder geraden, jedoch immer nach außen breiter werdenden Balken.

Dieses besondere Kreuz mit seinen acht Spitzen und dem umschließenden Kreis soll die neun Gründer des Templerordens symbolisieren. Es ist aus der „Blume des Lebens" abgeleitet, und zwar aus vier einander schneidenden Kreisen, die Fischblasen bilden. Der Zwischenraum ergibt das – aus dem Kreissegment resultierende – gebogene Kreuz der Templer. Eine Bestätigung, dass das Templerkreuz aus diesem Grundmuster konstruiert wurde, ist in einer alten Darstellung im Buch von Gerard de Sede „Die Templer sind unter uns" zu finden. Darauf ist Jacques de Molay, der letzte Großmeister der Templer, der am 19. März 1314 auf dem Scheiterhaufen verbrannt wurde, dargestellt. Darunter seine Siegel, wovon eines genau jenem Grundmuster der vierkreisigen Blume des Lebens entspricht, aus dem das Templerkreuz abgeleitet wird.

Jacques de Molay, der letzte Großmeister der Templer. Aus: Gerard De Sede, „Die Templer sind unter uns".

3

DIE FREIMAURER

Vorhergehende Doppelseite: Das Tor der Wiener Großloge: Opus Magnum eines Eingeweihten.

Aus den mittelalterlichen Bauhütten der Steinmetze entstehen erstmals in England und dann in ganz Europa durch Aufnahme von Nichthandwerkern die sogenannten spekulativen Bauhütten. Daraus entwickelten sich die Freimaurer.

Der geheimnisvolle Gründungsmythos

Die Freimaurer gründen ihre Vereinigung auf eine Legende aus dem Alten Testament, und zwar auf die Erzählung über den Baumeister Hiram. Dieser soll im Jahr 988 v. Chr. den Tempel Salomos auf dem Jerusalemer Tempelberg errichtet haben. Er habe sein Wissen über die Baugesetze geheim gehalten und verschlüsselt aufgezeichnet. Drei Gesellen überfielen ihn und wollten diesen „Schlüssel Salomos" rauben. Hiram weigerte sich, sein Geheimwissen zu verraten und wurde getötet.

Die Templer kamen im Jahr 1119 nach Jerusalem und fanden angeblich den Tempelschatz und damit den „Schlüssel Salomos" des Baumeisters Hiram. Sie brachten das Wissen um den Tempelbau nach Europa und gründeten die ersten gotischen Bauhütten. Daraus entstanden die Freimaurer. Hiram ist also der Ahnherr der Freimaurer und der Salomonische Tempel die Urzelle der Bruderschaft.

Johannes der Täufer – Schutzpatron der Steinmetze und Freimaurer

Johannes der Täufer, Sohn der Elisabeth, der Base Marias, ist eine der zentralen Figuren des Christentums und der Evangelien. Sein Festtag ist Johanni, der 24. Juni.

Meist wird der Todestag eines Heiligen als der Tag seiner Verehrung festgelegt, bei Johannes ist es der Geburtstag. Nach dem Lukasevange-

Reißzeug eines Freimaurers. (Schatzkammer des Deutschen Ordens, Wien)

lium war Johannes sechs Monate älter als Jesus, also am 24. Juni geboren. Auch seiner Enthauptung wird mit einem Festtag gedacht, dem 29. August.
Der Hl. Johannes ist der Schutzpatron der Bauhütten, der Steinmetze und Freimaurer. Ein Johannestag, der 24. Juni 1717, war der Gründungstag der ersten Freimaurerloge in England. Die „Johannislogen" oder „blauen Logen" sind nach diesem Heiligen benannt und begehen seinen Festtag mit besonderen Zeremonien.
Die Großloge in Wien ist eine „blaue Loge". Sie zelebriert am Tag des Johannes des Täufers ein feierliches Ritual.
Eine interessante Variante der Johannesverehrung ist das Aufstellen der Johannesschüssel. Im Kahlenbergerdorf wird eine solche noch aufbewahrt. Eine Verbindung von den Templern bis zu den Freimaurern ist an diesem Ort offensichtlich. Die Beschreibung dieses Kultes finden Sie im Abschnitt „Templer im Kahlenbergerdorf".

GESCHICHTE DER WIENER LOGEN

Im Wien des 18. Jahrhunderts gehörte eine illustre, hochadelige Gesellschaft dem Geheimbund der Freimaurer an. Oft waren sie Freimaurer, Rosenkreuzer und Illuminaten gleichzeitig, in einer Person. Wien war neben London, Amsterdam und Berlin eine der Hauptstädte der Freimaurerbewegung. Hier fiel der Samen der liberalen Ideen auf fruchtbaren Boden. Hinter den prunkvollen Fassaden gab es geheime Versammlungsräume und verdeckte (Tier-)Logen. Kaiser, König, Edelmann und gemeine Bürger wie Mozart und Haydn waren gleichwertige Mitglieder, ja sogar Brüder im Geiste. Kein geringerer als Kaiser Franz I. Stephan, Gemahl Maria Theresias, führte den Reigen der hochadeligen Freimaurer an.
In Wien stand die Freimaurerei immer unter dem Schutz des Kaisers, mag die Kaiserin auch offiziell Verbote erlassen haben. Es gab einen Skandal in Wien, als Maria Theresia 1743 eine Freimaurerversammlung der ersten Wiener Loge „ausheben" ließ. Jahre später folgte eine Entschuldigung. Sie schrieb: „Ich bin überzeugt, dass die Freimaurer-Gesellschaft eine unschuldige, freundschaftliche Gesellschaft ist. Mein Seliger, der Kaiser, war selbst Maçon, und mir ist leid, dass ich sie verfolgt habe. Ich werde mich befleißigen, das Vorige wieder gutzumachen." Das tat sie denn auch, indem sie ein freimaurerisches Waisenhaus in Prag mit namhaften Zuwendungen unterstützte (zitiert aus Kraus, Michael: Die Freimaurer).
So besteht die Freimaurerei in Wien bis heute und betreibt mehrere Logen, darunter die Großloge für ganz Österreich.

1717 erfolgte am 24. Juni (Johannestag) die Gründung der Großloge von London.

1731 wird Franz Stephan von Lothringen, ab 1736 Gemahl Maria Theresias, als erster Hochadeliger in den damals Österreichischen Niederlanden in eine Loge aufgenommen.

1742 entstand die erste Loge in Wien, die Loge „Aux trois Canons“. Zwar wird sie schon nach sechs Monaten auf Befehl Maria Theresias ausgehoben, doch gibt es in den folgenden Jahrzehnten auf habsburgischem Gebiet immer wieder Logengründungen.

1780 entstand die erste Großloge auf Wiener Boden: die „Große Landesloge von Österreich“, mit sechs Provinzial-Logen: Österreich, Böhmen, Lombardei, Galizien, Siebenbürgen und Ungarn.

Im Goldenen Zeitalter der Aufklärung werden medizinischer Fortschritt, die Abschaffung der Folter, die Gründung des Allgemeinen Krankenhauses, Agrarreform, der Ausbau eines allgemeinen Schul- und Verwaltungswesens von den Freimaurern betrieben.

1784 tritt Wolfgang Amadeus Mozart bei, der in seiner „Zauberflöte“ seinem Meister vom Stuhl Ignaz von Born ein Denkmal gesetzt hat.

1785 wird Joseph Haydn Mitglied.

1785 wird unter Joseph II. die Anzahl der Logen stark eingeschränkt. In Wien reduziert sich das Logenleben auf zwei Logen mit maximal 300 Brüdern. Wenig später verlassen Ignaz von Born und Sonnenfels die Freimaurerei. Mozart bleibt dem Logenleben bis zu seinem Tode 1791 treu.

Als 1792 Kaiser Franz II. den Thron besteigt, wird ein Mann Regent, den man geradezu als „Freimaurer-Hasser“ bezeichnen könnte. 1793 teilen die zwei verbliebenen Wiener Logen ihre Selbstauflösung mit und 1795 wird die Freimaurerei in der gesamten Monarchie verboten. Erst 1867, im österreichisch-ungarischen „Ausgleich“, kommt wieder Bewegung in die freimaurerische Szene. Man weicht nach Ungarn aus und betreibt dort die Freimaurerei weiter.

1918, nur drei Wochen nach Ende des Ersten Weltkriegs und Ausrufung der Republik, lebt die Freimaurerei in Österreich wieder offiziell auf.

1938 werden die Logenräume in Wien von den Nationalsozialisten besetzt.

1945, nach dem Zweiten Weltkrieg, wird die Freimaurerei in Wien wiederbelebt. Von den 2000 Brüdern der Vorkriegszeit sind nur 67 übrig geblieben. Die anderen sind verschleppt oder ermordet worden, in Gefangenschaft geraten, zwischenzeitlich gestorben oder emigriert. Die Logenräume sind verwüstet. Wien ist eine geteilte Stadt. Unter den Amerikanern, Briten und Franzosen, die als Besatzungssoldaten in Wien sind, gibt es auch viele Brüder, die besondere Hilfe leisten. Mit großem Einsatz wird die „Großloge von Wien für Österreich“ wieder aufgebaut.

Am 24. September 1955 wird die „Unabhängige Freimaurer Loge Wien“ (UFML) gegründet.
Seit 1978 werden auch Frauen zu den Diskussionsabenden eingeladen. Am 27. November 1985 werden endlich sechs Frauen in die beiden neuen Logen aufgenommen. Die Traditionsloge „UFML“ bleibt eine Männerloge, jedoch mit Besuchsrecht für Schwestern (auszugsweise zitiert aus www.freimaurer.at).

Historische Wiener Logen

1742 entstand die erste Loge in Wien „Aux trois Canons“ in der Dorotheergasse 12. Dieser gehörte auch Kaiser Franz I. Stephan an, der 1731 als erster Hochadeliger in die Amsterdamer Loge aufgenommen worden war.
Ignaz von Born gründete die Loge „Zur wahren Eintracht“ in seinem Haus in der Wollzeile. Ab 1782 gab es eine Loge im Moserischen Haus Ecke Tuchlauben/Landskrongasse mit 105 Stühlen. Insgesamt soll es damals 800 Freimaurer in Wien gegeben haben. Die Pferdewagenauffahrt anlässlich der Sitzungen verursachte einen Verkehrsstau, wissen Chroniken aus der Zeit zu berichten. Besonderes Aufsehen erregte der Fürst Liechtenstein, wenn er mit seinem schwarzhäutigen afrikanischen Diener Soliman vorfuhr, der ebenfalls Freimaurer geworden war. Heute vielfach unbekannt ist die „Freimaurer-Geschichte“ des Schlosses Schönbrunn. Der Bogen spannt sich von der vermuteten Loge im Kaiserpavillon des Tiergartens, bis zur Kinderausspeisung 1919, der Wiege der antiautoritären Erziehung und der Lehre vom „Neuen Menschen“ von Dr. Max Adler, der an der Schönbrunner Erzieherschule unterrichtete. Die Bedeutung des einstigen Netzwerks humanitären Geistes in Schönbrunn ist heute unbekannt und vergessen.

DIE KAISERIN UND IHRE FREIMAURER

Maria Theresia war – obwohl nie zur Kaiserin gekrönt (daher trägt sie auf dem Denkmal ein Juwelendiadem) – als Gattin des Kaisers sowohl protokollarisch als auch im allgemeinen Sprachgebrauch und ihrer Selbstbezeichnung nach Kaiserin. Wir möchten uns dieser österreichischen Gepflogenheit anschließen.
Kaiserin Maria Theresia (1717–1780) lehnte die Freimaurerei ab. Sie erließ Verordnungen und Verbote gegen die Versammlungen der Logen. Sie misstraute den Logenbrüdern, denn deren Rituale hinter verschlossenen Türen waren ihr suspekt und sie ortete konspirative

Huldigung an Maria Theresia und die großen Geister ihrer Zeit: Wiens größtes Denkmal am Schnittpunkt der imperialen Achse Hofburg–Schönbrunn.

Das nächtliche Wien. Hinter seinen Mauern schlummern die Geheimnisse einer tausendjährigen Vergangenheit.

Tätigkeit. So ließ sie die erste Wiener Freimaurerloge im Jahr 1743 von Polizeibeamten stürmen und die Logenbrüder verhaften. Allerdings wurden einige davon, weil Mitglieder des Hochadels und als Minister für die Kaiserin tätig, sofort wieder freigelassen, einige andere für kurze Zeit in Gewahrsam genommen und verwarnt. Viele Jahre später, bereits nach dem Tod ihres Gemahls, bereute sie ihre freimaurerfeindliche Einstellung und förderte großzügig deren humanitäre Einrichtungen.

So sehr sie sich bemühte die Freimaurerei zu unterbinden, in der eigenen Familie gelang es ihr nicht. Der eigene Gatte, Kaiser Franz I. Stephan (1708–1765), war bereits 1731 in Den Haag in die Loge aufgenommen worden. Er war damit der erste Logenbruder aus dem Hochadel. Seine Aufnahme in die Freimaurerloge hatte Beispielwirkung für die Adeligen Europas.

Franz Stephan war ein Schöngeist und widmete sich dem Studium der Naturwissenschaften, der Astronomie und der Alchemie. Die Bestände des Mineralienkabinetts des Wiener Naturhistorischen Museums gehen auf seine Sammlertätigkeit zurück. Er gründete im Jahr 1752 den heute ältesten Tiergarten der Welt mit „Tierlogen" und baute den hermetischen Pavillon als Gralstempel. Ebendort und im „Kaiserhaus" genannten Palais in der Wallnerstraße nahe der Hofburg betrieb er jeweils eine Alchemistenküche. Er umgab sich mit den fähigsten Köpfen seiner Zeit. Dass diese aus dem Kreis der Freimaurer und der Rosenkreuzer waren, behagte der wenig an okkultem Wissen interessierten Kaiserin sicherlich nicht. Nach dem Tod des Gatten ließ sie 1766 die Freimaurerei in Österreich verbieten, was aber von ihrem Sohn und Mitregenten nicht exekutiert wurde. Dieser stand den Logen tolerant gegenüber.

Die Kaiserin und ihr Denkmal – eine späte Wiedergutmachung

Eines der imposantesten Denkmäler Wiens, das Maria Theresia-Denkmal, ist eine – freiwillige oder unfreiwillige – Huldigung der Freimaurer jener Zeit. Ironie des Schicksals oder späte Wiedergutmachung?

Kaiser Franz Joseph I. (1848–1916) gab dem Bildhauer Kaspar von Zumbusch im Jahr 1874 den Auftrag, ein Monument für die große Kaiserin zu entwerfen. Es sollte an prominentester Stelle an der Ringstraße aufgestellt werden, nämlich am Schnittpunkt der imperialen Achse Hofburg – Schönbrunn und dem zukünftigen Prachtboulevard, der Ringstraße.

Zumbusch studierte das zehnbändige Werk des Historikers Alfred Ritter von Arneth und besorgte Bilder und Biographien, ja er unternahm sogar Reisen zu den Schlössern derjenigen, die er darstellen wollte.

Er trachtete nicht nur Maria Theresia zu verherrlichen, sondern die Stützen des Thrones, die Berater, Feldherren und Wissenschaftler ins

Bild zu rücken. Sie waren die Säulen und das Fundament ihrer Herrschaft. So dauerte es volle 13 Jahre, bis das Monument fertig gestellt war. Am 13. Mai 1888, dem 171. Geburtstag der Kaiserin und 108 Jahre nach ihrem Tod, wurde das grandiose Monument zwischen dem Kunsthistorischen und dem Naturhistorischen Museum gegenüber der Hofburg enthüllt. Allein das Datum und die Jahreszahlen der Denkmaleröffnung lassen eine verborgene Absicht vermuten. Maria Theresia wurde am 13. Mai 1717 geboren, exakt 171 Jahre später wurde ihr Denkmal erbaut. Ihr Todesjahr war 1880, exakt 108 Jahre danach wurde das Monument enthüllt. Allein die Zahlenkombinationen sprechen eine deutliche Sprache. Darüberhinaus ist die Zahl 108 eine von Gold- und Rosenkreuzern, die sich innerhalb der Freimaurerei etablierten, zum Verschlüsseln von Botschaften verwendete Zahl. 108 Jahre arbeiten die Rosenkreuzer im Untergrund, um danach für 108 Jahre öffentlich wirksam zu sein, heißt es in den Schriften des Christian Rosencreuz.
Das Denkmal ist eine Huldigung an die große Kaiserin und Landesmutter. Aber gleichzeitig ist es auch eine Huldigung an die größten Geister ihrer Zeit: ihre Berater, Staatsmänner, Wissenschaftler und Künstler – allesamt Freimaurer, Rosenkreuzer und Illuminaten.
Zwar ist es kein Freimaurerdenkmal im eigentlichen Sinn, doch zeigt es deutlich, welchen hohen Rang und Einfluss die Freimaurer im 18. Jahrhundert hatten.
Maria Theresia sitzt überlebensgroß auf ihrem Thron und blickt in Richtung Hofburg, ihre ehemalige Residenz. Sie hält Zepter und die Schriftrolle der Pragmatischen Sanktion in ihrer linken Hand. Dieses Dokument ermöglichte ihr die Thronfolge als Frau. Umgeben ist sie von 24 bedeutenden Männern ihrer Regierungszeit. Die meisten davon waren aktive Freimaurer, manche davon auch Illuminaten zur gleichen Zeit:

- Staatskanzler Wenzel Anton Fürst Kaunitz-Rietberg,
- Leibarzt und Direktor der Hofbibliothek Gerard van Swieten,
- Jesuit und Direktor des kaiserlichen Münzkabinetts Joseph Eckhel,
- die Musiker Haydn und Mozart;
- Gouverneur von Siebenbürgen Samuel Freiherr von Brukenthal und
- der Jurist und Universitätsprofessor Joseph von Sonnenfels.

Die restlichen waren zumindest mit Freimaurern befreundet und unterstützten deren liberale Ideen. Dazu zählen besonders die Adeligen unter den Feldherren und Beratern der Kaiserin. Sie besaßen Sommerschlösser rund um Wien, deren Gärten sie mit Freimaurer-Symbolen ausstatteten – mit Grotten, Tempeln, Pavillons, ägyptisierenden Obelisken und Pyramiden. Insbesondere ist von Fürst Liechtenstein – sein schwarzafrikanischer Prinzenerzieher, Angelo Soliman (1720–1798) war aktiver Logenbruder –, aber auch von Khevenhüller, Laudon

und Lacy eine freimaurernahe Gesinnung bekannt. Die Überreste ihrer einstigen Prachtgärten erzählen heute noch davon.
Mit diesem Denkmal hat Zumbusch – absichtlich oder unabsichtlich – die Bedeutung der Freimaurerei für die Kaiserin und für Österreich sichtbar gemacht. Ob er selbst Freimaurer war, ist nicht bekannt. Zu seiner Zeit, der österreichisch-ungarischen Monarchie, war die Freimaurerei in Österreich verboten, in Ungarn allerdings erlaubt. Wieder eines dieser Paradoxa in der Geschichte der Freimaurerei?

BRUDER MOZART

Einer der berühmtesten Freimaurer Wiens war Wolfgang Amadeus Mozart. Seine Logenzugehörigkeit ist gut dokumentiert und die Literatur dazu vielfältig. Aus den Aufzeichnungen erfahren wir über Mozarts Logenzugehörigkeit folgendes:
14. Dezember 1784: Aufnahme in die Loge „Zur Wohltätigkeit"
7. Januar 1785: Beförderung zum Gesellen in der Loge „Zur wahren Eintracht"
13. Januar 1785: Erhebung zum Meister; Tempelarbeit der Loge „Zur wahren Eintracht"
28. Januar 1785: Mozart besucht die Tempelarbeit seiner Loge „Zur Wohltätigkeit", um Joseph Haydns Aufnahme beizuwohnen; Haydn ist jedoch abwesend.
11. Februar 1785: Haydn wird in die Loge „Zur wahren Eintracht" aufgenommen. Mozart ist wegen eines Konzerts an der Teilnahme verhindert.
6. April 1785: Mozarts Vater Leopold Mozart wird Mitglied der Loge „Zur Wohltätigkeit".
11. Dezember 1785: Kaiser Josef II. ordnet die Reduzierung der Wiener Logen an.
19. Dezember 1785: Auflösung der Loge „Zur Wohltätigkeit". Mozart wird Mitglied der Loge „Zur gekrönten Hoffnung".
Unter Mozarts musikalischen Werken gibt es solche, die er eindeutig für Freimaurerzeremonien komponiert hat, wie die „Maurer Freude" KV 471 und solche, die Freimaurer-Gedankengut enthalten, wie seine Oper „Die Zauberflöte".
Mozart war, obwohl von niederer Herkunft und mäßiger Bildung, mit vielen Wiener Gelehrten und Adeligen befreundet. In brüderlicher Verbundenheit stand er mit der Familie des berühmten Botanikers Jacquin. Gottfried van Swieten, der Sohn des Leibarztes Maria Theresias, Diplomat und Gelehrter, soll Mozart in seinen letzten Lebenstagen besucht und sich anschließend um das Begräbnis gekümmert haben.

Mozart'scher Geheimcode

Der Historiker Rudolf Reiser hat sich auf die Spuren Mozarts nach Bayern begeben. Dort lebte Mozarts Cousine Maria Anna Thekla Mozart in Augsburg. Mit seinem „Bäsle" führte der 21-jährige Musiker nicht nur einen regen Briefwechsel, sondern hatte darüber hinaus auch intensiveren Kontakt. Mozart benutzte in den Schriftstücken einen von ihm erfundenen Geheimcode, um seinem Bäsle Intimes schriftlich mitzuteilen. Reiser hat nach eigenen Angaben als erster Historiker den Geheimcode der Briefe geknackt. Das Ergebnis überraschte die Fachwelt, war darin nämlich von Mozarts nicht ganz „sauberem" Lebenswandel zu lesen. Derselbe Mozart, der solenne Kirchenmusik und Opern mit humanitärem Gedankengut komponierte, schrieb seiner Cousine in codierter Fäkal- und Pornosprache.

Ausgehend von der „Hexenzahl" 7, also jedem siebten Wort, müssen die ersten Briefe gelesen werden. Dort rät Mozart, in verschlüsselter Sprache, der Cousine zur Einnahme von Hexenfuß, einem Kraut zur Verhütung und Abtreibung im 18. Jahrhundert. Weiter geht's dann mit intimen Details. Dieser Briefwechsel wirft ein ganz privates und neues Licht auf das Musikgenie.

Verwendete Geheimcodes in seinem Briewechsel: Bruder Mozart, einer der berühmtesten Freimaurer Wiens.

Nicht nur Mozarts Augsburger Zeit wird vom Historiker beleuchtet, sondern auch seine Aufenthalte in München. Die galten jedenfalls einem anderen Kreis, nämlich den Freimaurern und Illuminaten. Diese hätten Mozart unterstützt, ja ohne sie wäre Mozart zu keinen Engagements in Bayern gekommen, meint Reiser.

Geheimcodes verwendete Mozart nicht nur bei seinen amourösen Treffen mit der Cousine, sondern sie waren üblich in der Gesellschaft der Freimaurer und Illuminaten. Dort hatte jedes Mitglied einen Codenamen und sogar die Orte des Treffens, Städte und Länder wurden nur verschlüsselt genannt.

Mozart bewegte sich in Wien, München und Prag in den Kreisen der liberalen Adeligen, die allesamt Freimaurer und Illuminaten waren.

Tipp

MOZARTHAUS (Wien 1, Domgasse 5)
Erinnerungstafel Sterbehaus Mozarts (Wien 1, Rauhensteingasse 8)
Mozartdenkmal (Wien 1, Burggarten Hofburg)
Mozart Begräbnisstätte (Wien 3, St. Marxer Friedhof)

DIE WIENER GROSSLOGE „ZUM RAUHEN STEIN“

Die Freimaurerlogen sind hierarchisch organisiert. Die Großloge von Wien ist die übergeordnete Hauptloge von Österreich und befindet sich in der Rauhensteingasse Nr. 3. Der Großmeister der Wiener Loge seit dem Jahr 2002 ist Dr. Michael Kraus, von Beruf Gesellschafter einer Investmentbank und Autor des 2007 erschienenen Buches „Die Freimaurer“. Er schrieb es nach 27-jähriger Freimaurer-Mitgliedschaft und gibt einen spannenden Einblick in die Welt der Rituale und Symbole.
Die Wiener Großloge – eine reine Männerloge – ist eine sogenannte „blaue Loge“, eine Johannesloge, nach Johannes dem Täufer, dem Schutzpatron der Steinmetze und Freimaurer benannt. Das Allerheiligste jeder Loge ist der Tempel. Er ist dem Salomonischen Tempel nachgebildet. Hier wird die sogenannte „Tempelarbeit“ geleistet, die geistige und ethische Vervollkommnung des Adepten.

Das „versiegelte“ Tor der Großloge

Das Tor der Wiener Freimaurerloge in der Rauhensteingasse Nr. 3 kann auf Grund seiner Eleganz und Harmonie als das „opus magnum“ eines eingeweihten Handwerkers bezeichnet werden. Unter „opus magnum“ versteht man die Meisterleistung eines Freimaurers. Das kann eine handwerkliche, musische oder intellektuelle Leistung oder auch die Gründung einer karitativen Organisation sein.
In diesem Tor sind die Freimaurersymbole in einer einzigartigen Weise miteinander, eigentlich ineinander, verwoben und stellen ein Siegel, im übertragenen Sinn die Versiegelung der Freimaurerloge, dar. Um alle Symbole zu entschlüsseln, bedarf es einer sehr genauen, fast meditativen Betrachtung. Mit Staunen erkennt man dann, wie vielschichtig dieses Muster ist, und dass jede Figur mehrere Auslegungen zulässt.

Der **rauhe Stein** der Freimaurer gab der Rauhensteingasse ihren Namen. Der Maurer bearbeitet den rauhen Stein (sich selbst) und durchläuft drei Stufen: Lehrling-Geselle-Meister.
Drei Knöpfe verweisen auf das dreimalige Anklopfritual und die drei Geheimnisse, mit denen sich ein Freimaurer zu erkennen gibt: Zeichen, Griff und Wort.

Das **Sonnenstrahlenmuster** ist ein altes Fruchtbarkeits- und Wachstumssymbol und auf den Einfahrtstoren vieler Guts- und Bauernhöfe heute noch zu sehen. In diesem Sinne ist es auch hier als Grundmuster zu verstehen. Die dahinterliegende Bedeutung ist jedoch eine andere: die Freimaurer kennen 33 Einweihungsgrade, wie übrigens auch die

Drei Knöpfe verweisen auf die drei Geheimnisse der Freimaurer: das „versiegelte“ Tor der Wiener Großloge in der Rauhensteingasse.

Rosenkreuzer und alle ägyptischen Mysterienkulte. Die Wiener Loge als Hauptloge Österreichs repräsentiert alle 33 Einweihungsgrade. Wer genau nachzählt, erkennt 32 vom Zentrum ausgehende Strahlen und 8 kleine Zwickel, in Summe also 33 Strahlen.

Das **Kreuz** hat in seiner praktischen Erklärung natürlich den Zweck, das schwere Tor zu verankern und die beiden Türblatter zusammenzuhalten. Symbolisch ist der senkrechte Balken das Senkblei, der waagrechte bildet die Basis des Lotdreiecks.

Das auf der Spitze stehende **Quadrat** ist eine schablonenhafte Darstellung für Zirkel und Winkelmaß, die beiden bekanntesten Freimaurerwerkzeuge. Das Verschränken der Quadrate gehört einerseits zu den Konstruktionsgeheimnissen der Kathedralen-Bauhütten und stellt andererseits die Versiegelung bzw. Verriegelung der Pforte dar.

Der Salomonische Tempel

Je sieben seitliche Steinquader stehen für die sieben Stufen zum Salomonischen Tempel. Auf diesen beziehen die Freimaurer ihren Gründungsmythos. Die Zahl Sieben und mit ihr die 21 (als dreifache Sieben) gelten als Symbole des Salomonischen Tempels, dessen Allerheiligstes angeblich sieben Meter lang, hoch und breit gewesen sein soll. Der Tempel symbolisiert das Allerheiligste der Freimaurer. In ihm leisten sie die „Arbeit“ für die Mitmenschen und die Welt.

Die beiden Säulen links und rechts des Tores heißen Jachin und Boas. Die linke Säule, Jachin, verkörpert das männlich-aktive Prinzip oder die Sonne, die rechte Säule, Boas, das weiblich-passive Prinzip oder den Mond. Sie sollen gleichzeitig die Grundpfeiler der Humanität darstellen.
Die Quasten symbolisieren die Knotenschnur, meist mit Lemniskate, dem verschlungenen Knoten, als Symbol der ewigen Verbundenheit der Freimaurer-Bruderschaft.

FREIMAURER IM KAHLENBERGERDORF

Auf einer Gedenktafel des ehemaligen kaiserlichen Jagdschlosses in der Zwillingstraße 1 steht zu lesen, dass das erste Kinderasyl von der Freimaurerloge Humanitas im Kahlenbergerdorf 1875 gegründet und bis 1931 dort geführt wurde. Diese freimaurerische Kinderasyl gilt als Vorläufer der Kinderdörfer Hermann Gmeiners († 1986), der ebenfalls Freimaurer war.
Hinter der Kirche, einige Meter von der gotischen Lichtsäule entfernt, steht ein kleiner, im Gebüsch versteckter Grabstein. Seine Inschrift zeigt das Freimaurerzeichen Zirkel und Winkelmaß. Es ist in Dankbarkeit von einem Freimaurer seiner gütigen, 1970 verstorbenen Erzieherin im Kinderasyl gewidmet.

Das „Erste österreichische Kinderasyl“ im Kahlenbergerdorf.

Wie wir im Kapitel über die Templer bereits ausgeführt haben, vermutet man im Kahlenbergerdorf einen Templerbesitz. Dafür würde die Lage an der Donau – der Kreuzfahrerroute ins Heilige Land – sprechen und die Architektur der romanisch-gotischen Wehrkirche mit ihrem angrenzenden Wirtschaftsgebäude und den Stallungen.

Die Johannesverehrung der Templer und der Freimaurer könnte das verbindende Band sein. Möglicherweise hat es im Kahlenbergerdorf eine Freimaurerloge gegeben. Die Freimaurer als Nachfolger der Templer an diesem Ort? Durchaus denkbar, denn auch die Jagd- und Sommersitze der als Freimaurer tätigen Fürsten De Ligne (Erbauer des Nasenweges auf den Leopoldsberg) und Liechtenstein am (heutigen) Kahlenberg befinden sich im bzw. über dem Kahlenbergerdorf.

Tipp

KAHLENBERGERDORF (Wien 19),
erreichbar mit Bus ab U4 Station Heiligenstadt.
Bekannter Heurigenort.
Kirtag am Sonntag um den 29. August.
Spazierwege auf den Leopoldsberg und Kahlenberg.

Oben: Freimaurergrabstein im Kahlenbergerdorf.

DIE ILLUMINATEN

Vorhergehende Doppelseite: Höhepunkt feudaler Repräsentation: Schloss Schönbrunn.

Der Illuminatenorden (von lateinisch „illuminati": die Erleuchteten) war eine am 1. Mai 1776 vom Philosophen und Kirchenrechtler Adam Weishaupt in Ingolstadt gegründete Geheimgesellschaft.
Ziel und Zweck des Illuminatenordens war es, durch sittliche Verbesserung die Herrschaft des Menschen über seine Mitmenschen aufzuheben. Das hieß, die Bevormundung durch Klerus und Adel abzuschaffen und ein gleichwertiges brüderliches Gesellschaftsmodell zu erschaffen. Freiheit, Gleichheit, Brüderlichkeit waren die Ideale des Ordens. Das Mittel, diese zu erreichen, war die Bildung im Sinne von Herzensbildung.
Im Brockhaus-Lexikon aus dem Jahr 1894 werden die Ziele der Illuminaten folgendermaßen beschrieben: „Veredelung seiner Mitglieder durch die Bekämpfung von Vorurteilen, Darbietung sittlicher Lehren und Vorbilder, Pflege aller Tugenden und einer alle Mitglieder verknüpfenden, auf gegenseitige Hochachtung und Liebe gegründeten Freundschaft, Verbreitung geistiger Bildung und die dadurch bedingte Läuterung der Willensrichtung, Bekämpfung des Dogmenglaubens und Rückkehr zur Naturreligion sowie endlich die Bekämpfung des Despotismus aller Art."
In Anlehnung an die Struktur der Freimaurerei und auch, um diese zu unterwandern, schuf Weishaupt ähnliche Rituale, Grade und Geheimnisse. So bekam ein Adept einen Codenamen, meist aus der römischen und griechischen Mythologie. Weishaupt selbst nannte sich Spartacus, Freiherr von Knigge war Philo, ein jüdischer Philosoph, und Goethe bekam den Decknamen Abaris, nach einem skythischen Magier. Auch die Städte und Länder der Illuminaten hatten ihre Codebezeichnungen. So war z. B. München Athen, Tirol Pontus und Wien Rom. Selbst die Zeitrechnung der Illuminaten war geheim und begann mit dem Jahr 632. Zu Hunderten traten die Freimaurer in den Illuminatenorden über oder waren gleichzeitig Mitglieder beider Orden.
Nach nur acht Jahren wurde sie 1784/1785 in Bayern verboten und stellte ihre Aktivitäten daraufhin ein. Zahlreiche Mythen und Verschwörungstheorien ranken sich um eine angebliche Weiterexistenz des Ordens und seine vermeintlichen Tätigkeiten, wozu unter anderem die Französische Revolution, der Kampf gegen die katholische Kirche und das Streben nach Weltherrschaft gezählt werden.
Die Illuminaten werden gerne in populären Romanen dargestellt, so zum Beispiel in der Illuminatus-Trilogie von Robert Shea und Robert Anton Wilson, in Umberto Ecos „Das Foucaultsche Pendel" oder in „Illuminati" von Dan Brown.
Ihre Symbole seien die Pyramide, das Allsehende Auge, die Zahl 23 und Ambigramme (siehe Abschnitt „Begriffserklärung"). Diese Symbole seien auf der Dollarnote dargestellt, woraus geschlossen wird, dass die Gründung der USA auf die Illuminaten zurückgeht. Auch Wien mit seinen (heute) 23 Bezirken würde den Verschwörungstheoretikern

Illuminati

wunderbar ins Illuminatenbild passen. Offiziell benutzten die Illuminaten nur ein einziges Symbol, nämlich die Eule als Zeichen für Weisheit. Die Mehrzahl der österreichischen Adeligen und der geistigen Elite Wiens, wie Literaten, Musiker und Wissenschaftler, gehörte entweder dem Freimaurerorden oder den Illuminaten an, manchmal sogar beiden. Helmut Perl schreibt in seinem Buch „Der Fall Zauberflöte. Mozart und die Illuminaten" über Mozarts Mitgliedschaft und die Geheimsprache der Illuminaten in der Mozart-Oper. Die in Ägypten spielende Handlung ist in Wirklichkeit in Österreich angesiedelt und die Protagonisten der Handlung seien allesamt österreichische Illuminaten. Perl gibt in seinem Buch eine Liste der Wiener Illuminaten an, die sich wie das Who is Who der adeligen Gesellschaft Wiens des 18. Jahrhunderts liest; darunter Ignaz von Born, Josef von Sonnenfels, Gottfried van Swieten und kein geringerer als der Staatskanzler Fürst Kaunitz. Wir kennen sie alle bereits vom Denkmal der großen Kaiserin Maria Theresia, als die Stützen des Thrones, die Elite des Reiches.

Erleuchtete Durchlauchten

Wien war eine der Hauptstädte der Illuminaten. 600 bis 700 Mitglieder soll der Orden auf seinem Höhepunkt in Deutschland und Österreich gehabt haben. Mitgliederlisten, Dokumente und Briefe der verschiedenen Wiener Logen werden im Haus-Hof- und Staatsarchiv Wien und der Österreichischen Nationalbibliothek aufbewahrt. Demnach waren die folgenden Fürsten, Grafen und Barone Mitglieder des Illuminatenordens; von einigen der Durchlauchten sind auch die Decknamen bekannt:

Born, Ignaz Edler v. (1742–1791)	*Furius Camillus*
Cobenzl, Johann Philipp Graf v. (1741–1810)	*Numa Pompilius Romanus*
Kaunitz-Rietberg, Wenzel Anton Fürst v. (1711–1794)	*Caesar*
Lodron, Maximilian Josef Graf v. (1757–1823)	*Numa Pompilius Graecus*
Palffy v. Erdöd, Karl Hieronymus Graf v. (1735–1816)	
Palffy v. Erdöd, Leopold Graf v. (1739–1799)	
Ratschky, Joseph Franz v. (1757–1810)	
Sonnenfels, Joseph Frhr. v. (1732–1817)	*Narino/Fabius/Peliodes*
Stadion, Emmerich Joseph Frhr. v. (1766–1817)	*Remus*

Eine Sitzung der Wiener Freimaurerloge „Zur gekrönten Hoffnung“. Anwesend sind u. a. auch Wolfgang Amadeus Mozart und Emanuel Schikaneder. (Wien Museum)

Stadion, Friedrich Lothar Frhr. v. (1761–1811) *Romulus*
Stadion, Johann Philipp v. (1763–1824)
Starhemberg, Franz Gundacker Graf v. (1747–1804)
Starhemberg, Franz Maria Graf v. (1756–1818)
Swieten, Gottfried Frhr. v. (1734–1803)
Thurn-Valsassina, Joseph Benedikt Graf v. (1744–1825)
Zinzendorf u. Pottendorf, Karl Graf v. (1739–1813)

Die berühmtesten Wiener Illuminaten sollen hier kurz vorgestellt werden.

Wenzel Fürst Kaunitz (1711–1794) war Kanzler unter Maria Theresia und verantwortlich für die Erneuerung des Staats- und Beamtenwesens. Er reformierte und zentralisierte die Verwaltung des Habsburgerreiches. Er wurde 1761 in Schweidnitz (Swidnica, Polen) Freimaurer und war Mitglied der Wiener Loge „Zu den drei Kanonen". In den Illuminatenorden wurde er unter dem Decknamen Caesar aufgenommen. Sehr eigenartig – für einen Illuminaten – erscheint die Abneigung des Kanzlers gegen helles Licht. So schildert die Chronik der ehemaligen Hof- und Staatskanzlei, heute Bundeskanzleramt, dass Kaunitz lebhaften Anteil am Bau und der Innengestaltung nahm und die dunkelsten Räume des Hauses am Ballhausplatz für sich reservierte. Der Fürst scheint noch einige andere merkwürdige Marotten gehabt zu haben. So berichtet die Chronik: „Frische Luft war dem Fürsten ein Angstmacher. Sowohl seine Fenster als auch seine Kutschen blieben ständig völlig geschlossen. Wärme und Kälte regulierte er mit übereinander gezogenen schwarzen Seidenmänteln. Je nach Temperatur ein bis neun Mäntel! Die Hände steckte er in einen Muff. In jedem Zimmer hing ein Thermometer, auch die Reitbahn wurde beheizt."
Die Gloriette von Schönbrunn wurde nach seinen Angaben errichtet, die Statuen im Park ließ er gruppieren. Als er seine Bewunderung für den Plan der Neptungruppe aussprach, meinte Maria Theresia: „In großen und kleinen Dingen bin ich nur ruhig, wenn Ihre Zustimmung erfolgt". Der Fürst überlebte sowohl Maria Theresia als auch deren Sohn, Kaiser Joseph II., und starb 1794 im 84. Lebensjahr.

Auch der Bibliothekar des Fürsten Kaunitz, **Johann Pezzl** (1756–1823), ein geborener Bayer, gehörte der Freimaurerloge „Zur wahren Eintracht" an und zum Kreis der Wiener Illuminaten um Ignaz von Born. Sein einstiger literarischer Einfluss ist vielfach unbekannt. Immerhin inspirierte er Goethe zum „Faust".

Ignaz von Born (1742–1791) war Mineraloge, Geologe und der bedeutendste Bergbaufachmann Europas. Er katalogisierte die kaiserliche Mineralien- und Molluskensammlung, heute Bestandteil des Wiener Naturhistorischen Museums. Ab 1782 war er Meister vom Stuhl der Freimaurerloge „Zur wahren Eintracht" und führender Kopf der Wiener Illuminaten. Durch ihn wurde diese Loge das Zentrum der Wiener Illuminaten. Sein Pseudonym war Furius Camillus, benannt nach einem römischen Feldherrn, dem Retter Roms nach dem Keltensturm. Mozart hat seinen Logenbruder in der Figur des Sarastro in der Oper „Die Zauberflöte" verewigt.

Josef von Sonnenfels (1732–1817) war Jurist und Schriftsteller und machte sich verdient um die österreichische Verwaltungsreform. Er war Mitglied der Leipziger Freimaurerloge Balduin und der Wiener Loge „Zur wahren Eintracht", 1784 auch Großmeister. Unter den Illuminaten Wiens gilt er als deren Oberhaupt. Er pflegte Freundschaften unter anderem mit Beethoven, der ihm die Klaviersonate in D-Dur op. 28 widmete. Die Sonnenfelsgasse im 1. Bezirk Wiens und ein Denkmal am Rathausplatz erinnern an ihn.

Welchen Einfluss die Freimaurer und Illuminaten auf die Gestaltung der Landschaft im Umkreis von Wien hatten, ist erst zum Teil erforscht. Wir wissen über die Parkgestaltung der Barockgärten und ihre Umgestaltung zu englischen Gärten gut Bescheid. Über den geistigen Hintergrund und die Verwendung der Grotten, Tempeln, Pavillons und Obelisken gibt es nur wenig schriftliche Aufzeichnungen.

Einer der wunderbarsten Landschaftsparks Wiens war jener des Staatskanzlers **Johann Philip Graf Cobenzl** (1741–1810) auf dem nach ihm benannten Wiener Aussichtsberg. Seine Mitgliedschaft bei den Wiener Illuminaten ist mit seinem Ordensnamen Numa Pompilius Romanus belegt, ebenso diejenige seines Bruders Ludwig alias Arrian. Mozart sollen bei seinem Besuch 1781 heilige Schauer überkommen sein, als er die Grotte und die Tempel betrat. Man nimmt an, dass er das Geschaute in seinen Opern verarbeitet hat. Reste der einstigen Teiche, Grotten und Tempel sind noch im Wald und Unterholz rund um den Berg zu finden.

Tipp

HAUS-, HOF- UND STAATSARCHIV (Wien 1, Minoritenplatz 1): Öffnungszeiten MO–DO 9–16, FR 9–13
PRUNKSAAL DER ÖSTERREICHISCHEN NATIONALBIBLIOTHEK (Wien 1, Josefsplatz): Öffnungszeiten DI–SO 10–18 Uhr, DO bis 21 Uhr
COBENZL (Wien 19): Einer der Wiener Hausberge mit schöner Aussichtsterrasse. Erreichbar mit Bus 38A ab U4 Endstation Heiligenstadt.

MYSTISCHE ORDEN UND IHRE LOGEN

HIC. OSSA. SITA. SVNT.
D. LEOPOLDI. II. AVG. ROM. IMP.
DD. FRANCISCI. I. ET. M. THERESIAE. AVGG. FILII.
QVI.
VACVO. POST. D. IOSEPHVM. FRATREM. IMPERIO.
MAGIS. OSTENSVS. QVAM. DATVS.
AMPLISSIMAS. ORBIS. SPES. EHEV. DESTITVIT.

DIE TEMPLAISEN – GEORGSKAPELLE ALS GEHEIMER VERSAMMLUNGSORT?

Vorhergehende Doppelseite: Die geheimnisvolle Georgskapelle neben der Augustinerkirche – Versammlungsraum mystischer Orden.

Den Wienern zum Großteil unbekannt und Besuchern meist verborgen gibt es eine Kapelle im Stadtzentrum von Wien, die über Jahrhunderte als geheimer Versammlungsraum diente, die Georgskapelle. Sie gehörte dem St.-Georg-Ritterorden. Über seine Zusammenkünfte, seinen Zweck und sein Wirken wissen wir so gut wie nichts. Erst seit den archäologischen Grabungen der Jahre 1996–1999 kommt ein wenig Licht ins Dunkel dieser verborgenen Kapelle. Wie ist das möglich, dass eine komplette Kirche verborgen blieb? Ihre Nutzung bis heute geheim geblieben ist?

Unabhängig, früher nur durch einen Gang von der Hofburg aus betretbar und heute meist geschlossen, steht die unscheinbare Georgskapelle neben der wesentlich berühmteren und größeren Augustinerkirche. Letztere ist als Hofkirche der Habsburger, als Hochzeitskirche von Elisabeth („Sisi") und Franz Joseph, vor allem aber für ihre musikalischen Hochämter mit Mozart-, Haydn- und Schubertmessen bekannt.

Die im Jahr 2008 veröffentlichte Diplomarbeit von D. Zagorov befasst sich mit der Geschichte der Georgskapelle. Sie gibt einen guten Überblick über ihre Entstehung und die Nutzung durch einen geheimnisvollen Orden, der vermutlich die Nachfolge der Templer angetreten hat.

Die Georgskapelle wurde als Versammlungsraum der von Herzog Otto dem Fröhlichen gegründeten St. Georg-Ritterschaft errichtet. Urkundlich erwähnt wurde sie 1337 als Stiftung von Ulrich von Wallsee; 1341 wurde sie geweiht. Für die Georgsritter waren rundum laufende steinerne Sitznischen mit siebenpassigen Blendarkaden eingebaut.

Die Kapelle hat einen ungewöhnlichen Grundriss. Ihr einzigartiger Stil besteht aus zwei Schiffen mit zwei gleichwertigen Apsiden. Diese Besonderheit wird von den Forschern mit der doppelten Nutzung der Kapelle erklärt. Ältere Publikationen geben an, dass diese sowohl als Kapitelsaal der Augustinermönche genutzt wurde, als auch als Versammlungsort des St.-Georg-Ritterordens diente. Nachdem aber bei Grabungen (1996–1999) durch das Bundesdenkmalamt der eigentliche Kapitelsaal gefunden wurde, muss die Geschichte der Kapelle neu geschrieben werden. Dazu untersucht man die Rolle der Adelsfamilie Wallsee als Stifter der Kapelle und die weltliche Nutzung durch die „Societas Templaise".

Die Templaisen in der Georgskapelle

Wenige Jahre nach der Verhaftung der Templer und der Auflösung des Ordens wurde in Österreich eine Bruderschaft gegründet, die Templaisen. Ihre Mitglieder gehörten dem Hochadel an. Die Bruderschaft ver-

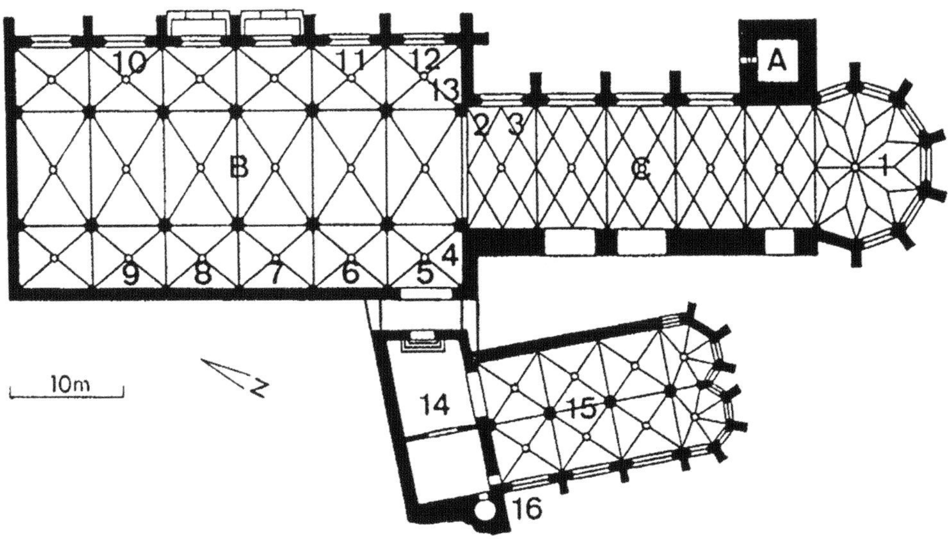

waltete die umfangreichen Besitztümer der Templer und hatte eine Loge auf Schloss Liechtenstein. Die Georgskapelle diente laut Alois Kunzfeld der Bruderschaft der Templaisen als Versammlungsort. Auch Wolfram von Eschenbach (1160–1220) bezeichnet die Gralsritter in seinem Gralsepos „Parzival“ als „Templeisen“.

Grundriss der Augustinerkirche mit Georgskapelle.

Die Templaisen als Gralshüter?

Aus den erwähnten Dokumenten und Quellen erschließt sich der Zweck der Georgskapelle als Versammlungsort der Georgsritter, die sich Templaisen nannten. Waren die Templaisen als Nachfolger der Templer und Verwalter ihrer Besitztümer auch Hüter des Heiligen Grals?
Erwähnenswert ist die Tatsache, dass der Freimaurer und Leibarzt Maria Theresias, Gerard van Swieten (1700–1772), in der Georgskapelle begraben ist.
Welche geheimnisvolle Verbindung gibt es zwischen den Templern, den Templaisen und den Georgsrittern? Welche Mitglieder der Wiener Adeligen und des Kaiserhauses gehörten diesem Orden an? Was war ihre Aufgabe und der Zweck ihrer Zusammenkünfte in einer Kapelle, die bis zum heutigen Tag versteckt zwischen Augustinerkirche und Hofburg liegt?

Tipp

GEORGSKAPELLE (Wien 1, Augustinerstraße 3),
nur durch die Augustinerkirche betretbar. Geöffnet während des Weihnachts- und Ostermarktes und in der „Langen Nacht der Kirchen“.

DIE RITTER VOM GOLDENEN VLIES

Alljährlich am 30. November, dem Andreastag, findet in Wien ein hochrangiges, fast 600-jähriges Zeremoniell statt. Es treffen einander gekrönte Häupter und Adelige aus ganz Europa. Sie versammeln sich – unter Ausschluss der Öffentlichkeit und bis vor wenigen Jahren geheim – in der Deutschordenskirche hinter dem Stephansdom zu einer der mystischsten Zeremonien des christlichen Abendlandes. Es sind alles hochdekorierte Männer, die dem nobelsten aller christlichen Orden angehören, dem Orden vom Goldenen Vlies.

Was wenige Wiener wissen und auch von den Medien nicht registriert wird: Die Ordensmitglieder treffen einander einmal im Jahr in Wien.

Mystischer Zauber liegt über der Kirche, wenn der Ordenskaplan, der Wiener Kardinal Christoph Schönborn, unter dem Vorsitz des Ordenssouveräns Karl Habsburg, Enkel des letzten österreichischen Kaisers, und vieler weiterer illustrer Mitglieder die Zeremonienfeier eröffnet. Insgesamt sind es 46 Mitglieder aus dem Hochadel, darunter regierende Fürsten und Könige.

Unbemerkt von der Öffentlichkeit beginnen die Feierlichkeiten schon am Vorabend des Andreastags. Die Ritter erscheinen im Ornat und mit der Collane, einer schweren goldenen Kette mit dem Widderfell, dem sogenannten „Goldenen Vlies“. In einer Kerzen-Prozession ziehen sie in die Deutschordenskirche ein. Dann werden etwaige neu aufgenommene Ritter eingeführt und mit dem Schwurkreuz aus dem 15. Jahrhun-

Die Collane des Ordens vom Goldenen Vlies.

dert vereidigt. Die Aufnahme neuer Mitglieder ist eine sehr seltene Angelegenheit und stellt etwas Außergewöhnliches dar. Nur männliche Katholiken von adeliger Herkunft und tadelloser Moral können Mitglieder werden.
Danach erfolgen eine Ansprache des Ordenssouveräns und die Erneuerung des Schwures zur Einhaltung der Ordensregeln, wie im Jahr 1430 von Phillip von Burgund festgelegt. Der Abt von Stift Heiligenkreuz, Gregor Henckel (von) Donnersmarck, und der Wiener Kardinal Christoph (Graf) Schönborn zelebrieren sodann ein Requiem für die verstorbenen Ritter. Beim anschließenden Galadiner dürfen auch begleitende Damen und Ehrengäste anwesend sein.
Mit einem feierlichen Hochamt am Andreastag selbst endet die Zusammenkunft der Ordensritter. Treueschwur und Bruderkuss besiegeln ihre Zusammengehörigkeit bis zum nächsten Jahr, am selben Ort, zur selben Stunde.
Einen Einblick in das Zeremoniell und seine Geschichte gibt uns der Jahresbericht des Ordens vom Goldenen Vlies, herausgegeben von Karl Habsburg.

Das Widderfell

Das „Goldene Vlies" ist Gegenstand einer Erzählung aus der griechischen Mythologie, die sich in Kolchis zugetragen hat. Kolchis, eine ägyptische Kolonie im Kaukasus, heute Georgien, war das Land der Gold führenden Flüsse. Um den Goldstaub aufzufangen, verwendeten die Goldwäscher Widderfelle. Sie hängten diese dann zum Trocknen auf Bäume. Eines dieser mit Gold behafteten Felle erlangte als „Goldenes Vlies" Berühmtheit. Es war der Legende nach das Fell eines sprechenden und fliegenden Widders, welcher die Kinder des griechischen Königs Athamas vor ihrer bösen Stiefmutter rettete und nach Kolchis brachte. Zum Dank der Errettung opferte der Knabe den Widder dem Gott Zeus und hängte das Fell in einen Baum. Dort wurde es von den Argonauten (die mit dem Schiff „Argo" nach Kolchis segelten), unter der Führung des Jason mit Hilfe der verliebten Zauberin Medea, aus dem Heiligen Hain entwendet und nach Griechenland zurück gebracht.
Das „Goldene Vlies" ist ein Symbol für den Goldreichtum und im übertragenen Sinne die Macht, die sein Besitz verheißt. Die Mystik des Goldes und des Goldmachens, der alchemistischen Kunst, hat dem Orden vom Goldenen Vlies wohl zu seinen Namen verholfen.

Die Ordensgründung

Der 10. Januar 1430 ist der Gründungstag des Ordens vom Goldenen Vlies. Die Gründung des Ordens geht auf Phillip den Guten (1396–1467) von Burgund zurück. Sein Ziel war es, die getreuesten seiner

Alljährlich Treffpunkt der Ritter vom Goldenen Vlies: die Deutschordenskirche in Wien.

Die Deutschordens-kirche, ein Ort uralter mystischer Zeremonien.

Mantel des Ordensschatzes vom Goldenen Vlies.

Ritter und andere Potentaten um sich zu scharen und zur Loyalität zu verpflichten, um Burgund zum mächtigsten Herzogtum in Europa auszuweiten. Gleichzeitig sollte mit einem treuen Bruderbund auch der Frieden anhaltend gesichert werden. Der Sitz des Ordens war bis 1477 Dijon, danach fanden die Zusammenkünfte an verschiedenen Orten statt.

Zweck des Ordens

Sein Ziel bis zum heutigen Tag ist die Pflege der ritterlichen Tugenden und das Bekenntnis zum christlichen Glauben. Einem französischen Historiker zufolge soll sein geheimer Zweck jedoch ein anderer gewesen sein, nämlich „zwischen Okzident und Orient das Band der Einweihungen neu zu knüpfen, das durch die Vernichtung des Templerordens abgerissen war", schreibt Gerard de Sede in „Die Templer sind unter uns".

Habsburger als Ordenssouveräne

Mit dem Aussterben der burgundischen Herzöge kam das „Goldene Vlies" im Jahr 1477 durch die Vermählung Kaiser Maximilian I. mit Maria von Burgund an die Habsburger. Fortan war der jeweilige Chef des Hauses Habsburg gleichzeitig Ordenssouverän. Nach dem Spanischen Erbfolgekrieg spaltete sich der Orden in eine österreichische und in eine spanische Linie, deren Oberhaupt heute König Juan Carlos von Spanien ist.

Der österreichische Souverän ist Karl Habsburg, der im Jahr 2000 von seinem Vater Dr. Otto Habsburg das Amt übertragen bekam. Dieser hatte es wiederum von seinem Vater nach dessen Tod im Jahr 1922 erhalten und somit fast 80 Jahre inne. Auch das Ende der Monarchie hat die Kette nicht unterbrochen. Nach dem Zweiten Weltkrieg baute der Sohn von Erzherzog Franz Ferdinand, Max Hohenberg, den Orden wieder auf. Er erreichte im Jahr 1953, dass die Republik Österreich den Orden als internationale Institution anerkannte. Der Schatz des Ordens, wie die Collane, das Schwurkreuz, Ornate, Pluviale und Messgewänder, ist dessen Eigentum und wird als Dauerleihgabe an die Wiener Schatzkammer verliehen.

Tipp

Der Schatz des Ordens vom Goldenen Vlies (Collane, Schwurkreuz, Mäntel und Pluviale) befindet sich als Leihgabe in der WIENER SCHATZKAMMER DER HOFBURG: Öffnungszeiten MI–MO 10–18 Uhr,
Mitte Mai–1. November täglich 10–18 Uhr

DIE PRIEURÉ DE SION

Ein mystischer Geheimorden?

Die Bruderschaft vom Berg Zion ist noch mysteriöser als alle anderen Geheimgesellschaften der Welt. Sie spielt im „Da Vinci Code" eine entscheidende Rolle. Ihr Zeichen sei die „Fleur de Lis", die stilisierte Schwertlilie.
Gegründet wurde der Orden angeblich von den Tempelrittern im Jahr 1099 auf dem Berg Zion, daher sein Name. Die Großmeister des Ordens waren, wie es heißt, unter anderem Isaac Newton, der Maler Botticelli, Leonardo da Vinci und auch Karl von Lothringen (von 1746–

Mysteriöses Tempelherrenkreuz und ein Ordensring aus der Schatzkammer des Deutschen Ordens.

1780) sowie der jüngste Sohn Maria Theresias, Erzherzog Maximilian Franz (von 1780–1801). Die beiden Letztgenannten waren Hochmeister des Deutschen Ordens.

Ein Templerkreuz in der Schatzkammer des Deutschen Ordens

Kaum einem Wiener ist bekannt, dass sich der Sitz des Hochmeisters des Deutschen Ordens seit 1834 in Wien befindet. Jahrhundertelang, von 1780 bis 1923, waren die Ordens-Hochmeister österreichische Erzherzöge, zuletzt Erzherzog Eugen (von 1894–1923). Eben jene werden im Buch „Der Hl. Gral und seine Erben" auch als Großmeister der Prieuré de Sion genannt, wobei der Wahrheitsgehalt dieser Information sehr umstritten ist.
Der Deutsche Orden errichtete im Jahr 1222 in Wien eine Niederlassung und erbaute 1326 die gotische Kirche. Im zweiten Stock des Gebäudes befindet sich ein Museum, die Schatzkammer des Ordens, die zu besichtigen sich lohnt.
Im Raum 3, mit der Inventarnummer 18, ist völlig unspektakulär ein kleines Schmuckstück ausgestellt: ein ca. 5 cm großes emailliertes Templerkreuz mit einem Anhänger aus vergoldetem Silber. In der Vitrine wird es schlicht und ergreifend mit „Anhänger" beschrieben. Mehr ist leider auch aus dem im Zimmer aufliegenden Beiblatt nicht zu erfahren, denn dort ist die Nr. 18 überhaupt nicht vermerkt. Im Katalog steht dann etwas ausführlicher „Tempelherrenkreuz 16. Jahrhundert". Was stammt aus dem 16. Jahrhundert?
Das Kreuz, der Anhänger oder beides? Woher kommt dieses Kreuz zweihundert Jahre nach der Ausrottung der Templer? Wie kommt es in den Besitz des Deutschen Ordens? Nur so viel ist zu erfahren, dass es dem Hoch-und Deutschmeister Erzherzog Maximilian III (von 1590–1618), gehörte, der einer der Hochmeister des Deutschen Ordens war – und angeblicher Großmeister der Prieuré de Sion?

Die „Fleur de Lis" im Emblem des Deutschen Ordens

Beim Betrachten jener Ausstellungsstücke der Schatzkammer, auf denen das Emblem des Ordens, das schwarze Tatzenkreuz, zu sehen ist, fällt immer wieder das Zeichen der sogenannten „Fleur de Lis" auf. Sie wird in der Heraldik als eine stilisierte Schwertlilie mit drei Blättern, die mit einem Band zusammengehalten werden, dargestellt. Das mittlere Blatt steht aufrecht nach oben, die beiden Seitenblätter sind nach außen gebogen.
Die „Fleur de Lis" wurde dem Deutschen Orden von König Ludwig IX. von Frankreich (1214–1276), auch Ludwig der Heilige genannt, verliehen, als Ausdruck seiner Wertschätzung. Pierre Plantard und andere Autoren schreiben die erstmalige heraldische Verwendung der franzö-

Stilisierte Schwertlilie: die „Fleur de Lis“ auf Kreuz und Wappen des Deutschen Ordens.

sischen Lilie einem Merowingerherzog und später der Prieuré de Sion zu. Daher würden alle Großmeister der Prieuré das Zeichen in ihrem Wappen tragen. Die Großmeister des Deutschen Ritterordens – bis 1929 Hoch-und Deutschmeister genannt – tragen das schwarze Kreuz, dessen Balken in einer Lilie enden. Waren sie gleichzeitig Großmeister der Prieuré de Sion, wie behauptet wird?

TIPP

DEUTSCHORDENSKIRCHE (Wien 1, Singerstraße 7):
täglich geöffnet, Sala Terrena mit Groteskenmalerei, Mozartkonzerte.
SCHATZKAMMER (Wien 1, Hofburg):
Öffnungszeiten DI, DO, SA 10–12 und MI, FR 15–17, Ftg. geschlossen

DIE „MENAGERIE" DES KAISERS

Logensitz – Gralstempel – himmlischer Kraftsalon

Schloss und Park von Schönbrunn, der ehemaligen Sommerresidenz der Habsburger, zählen zu den schönsten Barockanlagen Europas. Meist besucht der Gast die Schauräume des Schlosses und nimmt den Park nur als schöne Kulisse wahr. Der Wiener besucht wiederum nur den Tiergarten – den ältesten der Welt – und genießt die Ruhe im Blumenmeer der Beete und Alleen.

Schönbrunn einmal mit den Augen des Symbolforschers zu sehen, mag für viele eine völlig neue Erfahrung sein. Hinter der schönen Kulisse eröffnet sich nämlich eine andere Welt: die Welt der Symbolik, der Zahlenmystik, der Geheimlogen und der verschlüsselten Codes.

Eine erste Publikation über die verborgene Bedeutung des Tiergartens Schönbrunn lieferte Gerhard Kunze 1991. Ausgehend von seinen Forschungen drangen der Historiker und Geograph Dr. Erich Krenslehner und die Autorin immer tiefer in die Geheimnisse der Schönbrunner Schlossanlage und des Tiergarten ein. Ein Führer „Geheimnisvoller Tiergarten Schönbrunn: Geomantie und Zahlenmystik" von Krenslehner/Lukacs über die Entschlüsselung der Geheimnisse des Tiergartens erschien im Jahr 2006.

Die Entstehung der Menagerie Schönbrunn

Kaiser Franz I. Stephan von Lothringen, Gemahl Maria Theresias, war an Naturwissenschaften und Alchemie interessiert und Sammler von Flora, Fauna und Mineralien. Darüber hinaus war er aktiver Freimaurer und Rosenkreuzer. Dieser allem Geistigen gegenüber aufgeschlossene Monarch gab dem französischen Gartenarchitekt Nicolas Jadot de Ville-Issey im Jahr 1751 den Auftrag, eine Menagerie im Schönbrunner Schlosspark zu errichten. Offiziell, um die Tiere zu beobachten, die aus den Tiergehegen des Schlosses Belvedere und Neugebäude nach Schönbrunn übersiedelt worden waren, inoffiziell wohl, um seine geheimen Studien der Hermetik, Alchemie und Astronomie im Untergeschoß des geplanten Pavillons zu betreiben. Die feierliche Eröffnung des Tiergartens fand am 31. Juli 1752 statt, der Pavillon mit seinem hermetischen Deckenfresko wurde erst sieben Jahre später vollendet.

Franz Stephan von Lothringen versammelte die berühmtesten Wissenschaftler und Freigeister der damaligen Zeit um sich. Der Tiergartenpavillon diente ihnen als „himmlischer Kraftsalon" für ihre alchemistischen Experimente und geheimen Zusammenkünfte.

In einem Kreis um einen achteckigen Pavillon wurden zwölf Abteilungen oder Logen für die Tiere errichtet. Jede Loge war von der anderen durch eine Mauer getrennt. Entlang dieser Trennmauer war eine Baum-

Eine Welt der Zahlenmystik und der verschlüsselten Codes: Entwurf der Menagerie Schönbrunn. Zeichnung von Jean Nicolas Jadot de Ville-Issey, 1751. (Graphische Sammlung Albertina)

reihe gepflanzt und die Loge konnte von vorne durch ein Gitter besichtigt werden. In der 13. Loge wurde ein dreigeschoßiges Gebäude, die Direktion des Tiergartens, gebaut. Eine Ringmauer umschloss den Kreis der Logen und bot Schutz für die gesamte Anlage. Diese Ringmauer hat Kaiser Franz Joseph I. im Jahr 1889 niederreißen lassen. Im selben Jahr starb der einzige Sohn und Kronprinz des Kaisers und der Niedergang der Monarchie nahm seinen Anfang, wie Kunze in seinem Band über die okkulten Zusammenhänge des Tiergartens und der Habsburgermonarchie bemerkt.

Logen für Tiere und Menschen

Dass die Tier-Gehege „Logen" genannt wurden, ist bezeichnend für die Gesinnung des Freimaurers Franz Stephan. „Loge" bezeichnet einerseits die Bruderschaft der Freimaurer, andererseits die Zuschauerbalkone in

Logensitz, Gralstempel und „himmlischer Kraftsalon“: der Pavillon im Tiergarten Schönbrunn.

Theatern. Hier beobachten also die Menschen die Tiere und die Tiere aus ihren Logen wiederum den Menschen.
Haben Sie sich schon einmal einen Plan des Schönbrunner Tiergartens, der sogenannten „Menagerie des Kaisers" angesehen? Wie viele Segmente hat der Kreis? 12, 13 oder 16?
Nach dem Originalplan von Franz Boos aus dem Jahr 1751 wird der Tiergarten als Kreis, bestehend aus 16 Segmenten, dargestellt. Diese unterteilen sich in zwölf unterschiedlich große sogenannte „Tierlogen", in eine Loge für das Direktionsgebäude und drei Alleen.
Der zwölfteilige Menageriekreis mit seinen „Tierlogen" wird von Prof. Gerhard Kunze als Tierkreis interpretiert. Die 13. Loge mit dem Direktionsgebäude bezeichnet er als „Menschenloge".

Die Menagerie als Gralstafel – der Pavillon als Gralstempel

Aus der Bibel kennen wir das Abendmahl mit Jesus und den zwölf Aposteln, aus mythologischen Erzählungen die Tafelrunden mit zwölf Rittern und einem König. Im Arthur-Mythos sitzt König Arthur als 13. neben zwölf anderen Rittern. Die Tafelrunde symbolisiert den Tierkreis und der runde Tisch die Welt. Mittelalterliche Gralsepen reimten „la table ronde – le monde".
Der 13. hat immer den Vorsitz, er ist der Edelste in der Runde, beim Abendmahl ist es Jesus, bei der Tafelrunde Arthus. Die 13. Loge der Schönbrunner Menagerie mit der Direktion, dem Vorsitz, symbolisiert den Kaiser und der Pavillon in der Mitte der Menagerie seinen Gralstempel.
Die drei Alleen sind die Kraftlinien, die in den Pavillon, ins Zentrum des Gralstempels, führen. Die Kraftlenkung funktioniert bestens bis zum heutigen Tag:

- Die Mittelallee führt zum ursprünglichen Tempel-Eingang. Sie folgt einer für uns unsichtbaren unterirdischen Wasserader, die genau im Zentrum des Pavillons mit einer zweiten im rechten Winkel kreuzt. Die Entdeckung dieser Wasseradernkreuzung gelang Wiener Radiästeten mit der Kraftplatzexpertin Gabriele Buchas im Jahr 2001.
- Durch die Schlossallee ergießt sich der morgendliche Lichtstrahl am 13. Mai, dem Geburtstag der Kaiserin Maria Theresia. Ein zweites Mal im Jahr ereignet sich dieses beeindruckende Schauspiel am 31. Juli, an dem die Sonne denselben Winkel (Azimut) einnimmt. 40 Tage braucht die Sonne bis zur Wende am 21. Juni und wieder 40 Tage zurück zum selben Einfallswinkel. Der erste Sonnenstrahl um 5.54 Uhr (Sommerzeit) erleuchtet den Gralstempel und lässt ihn in gleißendem Licht erscheinen. Eine ausführliche Beschreibung dieses Phänomens geben Krenslehner/Lukacs in „Geheimnisvoller Tiergarten Schönbrunn".
- Durch die Hietzinger Allee trifft die Kraft der wundertätigen Madon-

na von Maria Hietzing auf den „himmlischen Kraftsalon" – eine Kraft, die von einer der ehemals beliebtesten Wallfahrtskirchen Wiens ausgeht.

666 die Zahl des Tieres

Die Vermutung, dass die Zahl 666, die biblische Zahl des Tieres, auch in der Schönbrunner Menagerie in irgendeiner Weise codiert wurde, bestätigte sich nach genauem Studium des alten Planes aus dem Jahr 1751 und der Vermessung des Pavillons. Sein Durchmesser beträgt 40 Fuß, das sind 6 2/3 Klafter, nach metrischer Schreibweise 6,66 periodisch.

- 6,66... x 3,141628 (2r x Pi) ergeben 21 Klafter Umfang

Nicht nur die apokalyptische Zahl 666 ist somit im Pavillon verbaut, sondern auch die Gralszahl 21 in seinen 21 Klafter Umfang codiert. Über den Gral heißt es in einem Merkspruch der mittelalterlichen Bauhütten in Frankreich: „Drei Tafeln haben den Gral getragen: eine runde, eine quadratische und eine rechteckige Tafel. Ihre Zahl ist 21." (Louis Charpentier: Die Kathedrale von Chartres) Der Menageriekreis mit den Tierlogen symbolisiert die runde Gralstafel, der Pavillon im Zentrum den Gralstempel.

Die Zahl 9–21 führt zur Quelle der Weisheit

Schreiten Sie die neun Stufen zum Pavillon hinauf im Bewusstsein, dass Sie einen Tempel der Weisheit betreten! Hier hatten nur ausgewählte Personen Zugang.
Wenn Sie den Pavillon einmal umschreiten, sind das 21 Klafter (40 m). Die Zahl 9–21 ist die Codezahl für die Quelle der Weisheit der Templer. Hier im Pavillon ist diese Zahl codiert. Neun Stufen führen zum Pavillon mit 21 Klafter Umfang, 9–21 führt Sie zur Quelle der Weisheit (siehe Kapitel „Die Templer", Abschnitt „Der Baphomet").

Tipp

SCHÖNBRUNNER TIERGARTEN, Menagerie und Pavillon
(Wien 13, U-Bahn-Station U4 Hietzing):
Öffnungszeiten ganzjährig täglich 9–17 Uhr
Lit.: Krenslehner/Lukacs et al.:
Geheimnisvoller Tiergarten Schönbrunn, Wien 2006

GANT
GANT

OPUS DEI

Vorhergehende Doppelseite: Die Wiener Opus-Dei-Kirche: Barockjuwel St. Peter.

Opus Dei (lat. „Werk Gottes") ist eine Organisation der katholischen Kirche, deren Ziel es ist, den Alltag zu heiligen. Das heißt, bei der Arbeit und alltäglichen Verrichtungen ein heiliges Leben zu führen. Nicht nur Geistliche, sondern vor allem Laien sind aufgerufen, ihre alltäglichen Pflichten als Gottesdienst anzusehen.
Opus Dei wurde vom spanischen Priester Jose Maria Escriva im Jahr 1928 gegründet. Er selbst wurde im Jahr 2002 heilig gesprochen, sein liturgisches Fest ist der 26. Juni. Die Arbeit des Opus Dei in Österreich begann 1957 in Wien. Später wurden Zentren in ganz Österreich und nach dem Fall des „Eisernen Vorhangs" auch in diesen Ländern Zweigstellen errichtet.
1970 übertrug der damalige Kardinal Dr. Franz König die seelsorgliche Betreuung der Wiener Peterskirche an Priester des Opus Dei. Dem gegenwärtigen Rektor Dr. Christian Spalek ist es ein Anliegen, dass die Peterskirche in Wien ein geistlicher Brennpunkt für alle ist. Das barocke Juwel mitten in der Wiener Innenstadt wurde unter großer Anstrengung in den vergangenen Jahren renoviert und zählt jährlich Tausende Besucher aus dem In- und Ausland.
Gegenwärtig gehören dem Opus Dei weltweit rund 85.000 Menschen an, Priester wie Laien, davon 50.000 in Europa.

Der empfohlene „Lebensplan" für Opus-Dei-Mitglieder

Alle Mitglieder müssen täglich einen sogenannten „Lebensplan" erfüllen, der üblicherweise mit dem Ausdruck „Normen" bezeichnet wird. Es handelt sich dabei um bestimmte festgelegte Gebete und Übungen, die den Alltag strukturieren sollen. Diese Regeln werden nicht wie bei einer Ordensregel zwingend vorgeschrieben, sondern sollen von den Mitgliedern freiillig ausgeführt werden.

Verkauf von Opus-Dei-Schriften in der Peterskirche.

Tägliche „Normen“

(entnommen aus den Schriften des Opus Dei)

- Am Morgen nach dem Erwachen „Serviam“ (ich will dienen) sagen
- Das Gemeinschaftsgebet des Opus Dei in lateinischer Sprache beten
- Täglich einen „Rosenkranz“sprechen
- Einmal pro Tag die Heilige Messe mit Empfang der Kommunion feiern
- Jeweils morgens und abends eine halbstündige Meditation
- Eine tägliche Lesung aus dem Neuen Testament
- Eine geistliche Lesung
- Das „Angelus“-Gebet zur Mittagszeit
- Eine Bitte an die Jungfrau Maria für notleidende Mitmenschen
- Täglicher Besuch beim Tabernakel
- Drei Ave Maria abends
- Kurze Stoßgebete über den Tag verteilt

Gesegnet sei der Schmerz!

Entspricht die Darstellung des Opus Dei als machtgieriger Geheimbund in Browns „Da Vinci Code“ der Wahrheit? Verlangt Opus Dei blinden Gehorsam? Die Selbstgeißelung?
Die Geißelung wird von Opus Dei nicht bestritten, wird aber in ihrer Durchführung dem Fasten oder anderem Verzicht gleichgestellt. Dan Browns Darstellung sei weit übertrieben und entspräche nicht der Realität, meint Bischof Echevarría. Das gleiche gilt für den angeblichen politischen Einfluss oder die geheimen Machtverflechtungen, die dem Opus Dei nachgesagt werden.
„Dan Brown bezeichnet das Opus Dei als Mafia des Vatikans. Das beruht auf einer grotesken Verzerrung der Realität. Das Opus Dei ist eine Organisation der katholischen Kirche, wie es viele andere Organisationen auch sind. Was wir wollen ist, der Kirche zu dienen, wir tun dies als gewöhnliche Christen. Es gibt Menschen, die das nicht verstehen. Sie suchen Geheimnisse, die nicht existieren. Und dann kommt man auf solche Verschwörungstheorien, die letztlich nur Hass und Misstrauen schüren.“ (Bischof Javier Echevarria am 14. Mai 2006, www.opusdei.de)

Tipp

PETERSKIRCHE (Wien 1, Petersplatz 1):
Öffnungszeiten 7–20 Uhr, Besichtigung nur 9–10 Uhr + 13–15 Uhr
Orgelkonzerte MO–FR 15 Uhr, SA+SO 20 Uhr. Messe SO 11 und 17 Uhr
Vorne links neben Kanzel: Altarbild des Josef Maria Escriva (Gründer von Opus Dei), Verkauf von Opus-Dei-Schriften

DIE GEISSELN DER KAISERIN ANNA

Kunstvolle Bußinstrumente: die Geißeln der Kaiserin Anna. (Schatzkammer Wien)

Geißelungen und Selbstgeißelungen sind (nicht nur bei den Katholiken) als Bußübung seit ältester Zeit nachweisbar. Zeitweise kam es zu Auswüchsen, wie z. B. bei den Geißlerbewegungen des Mittelalters. 1260 erschienen die ersten Geißler in Kärnten. Die Melker Annalen berichten: „In diesem Jahre verbreitete sich ein Gebrauch, der seinen Ursprung nicht in der Vernunft hatte, vom Tale von Spoleto her, unter dem Schein der Frömmigkeit in verschiedenen Weltgegenden. Sowohl Reiche als Arme, Greise wie Jünglinge geißelten ihren bis zu den Lenden entblößten Körper bis aufs Blut. Dabei sangen sie Lieder, die genau zu der Zahl der Geißelstreiche passten, prozessionsweise zogen sie durch das Land und erfüllten die Kirchen mit ihrem Geschrei. Die Frauen machten diese Übung an abgesonderten Orten. Endlich wurde diese Einführung als religionsfeindlicher Aberglauben durch das Messer der Kirche ausgeschnitten." Auch in etlichen anderen Chroniken finden sich farbige Schilderungen, die Chronik der Wiener Dominikaner gibt ein Bruchstück des Geißlerliedes wieder: „Ir slacht euch sere in Christes ere. Durch Got so lat die sunde mere." Die Bewegung wurde verboten und fiel in sich zusammen, im 14. Jahrhundert tauchten aber nochmals Geißler auf (zitiert aus Ehrlich, Anna: Heiden, Christen, Juden und Muslime).

Die Selbstgeißlung hörte nach dem Ende der Geißlerbewegungen natürlich nicht auf, wir kennen viele Beispiele dafür. Als Bußübung blieb sie in den Klöstern erhalten, aber auch in adeligen Kreisen, selbst im Kaiserhaus.

In der Wiener Schatzkammer wird eine Geißel aus dem Jahr 1626 aufbewahrt. Sie stammt von der Kaiserin Anna, die ihre vier Geißeln dem Kapuzinerkloster vermachte, dessen Gründerin sie im Jahr 1618 war. Geißeln waren im Mittelalter bevorzugte Bußinstrumente für Klerus und Laien gleichermaßen. Die Kapuzinermönche waren sogar verpflichtet, sich einmal pro Woche zu „disciplinieren", wie es damals hieß. Die kaiserliche Geißel in der Wiener geistlichen Schatzkammer ist kunstvoll gefertigt. Der Griff ist aus Silberdraht geflochten, unterlegt mit Seide, die Schnüre aus roter Seide mit vergoldeten Messingknöpfen. „Eine Materialkombination, die nicht eines gewissen sinnlichen Reizes entbehrt", vermerkt dazu der offizielle Bildführer der Wiener Schatzkammer.

Auch in der Schatzkammer des Deutschen Ordens in der Singerstraße 7 wird im Saal 4 eine Geißel aus dem 17. Jahrhundert gezeigt. Ihrer Größe nach zu urteilen, dürfte auch diese eine Damengeißel gewesen sein. Form, Material und Ausführung sind sehr kunstvoll. Die Kordeln sind aus Silberdraht mit Seide umwickelt, an den Enden baumeln Messingkugeln. Sie zeigt Gebrauchsspuren, dürfte also nicht nur als reines Schmuckstück in Verwendung gewesen sein.

GOTISCHE KATHEDRALEN
Wunder aus Stein

Kosmische Gesetze in irdischen Maßverhältnissen gespiegelt: im Hauptschiff des Stephansdoms.

Im 12. Jahrhundert begann das Zeitalter der Gotik. Unmittelbar nach dem ersten Kreuzzug 1128 entstanden die ersten Kirchen und Klöster mit Spitzbogengewölben, Strebepfeilern und kunstvollen Glasfenstern. Überall in Europa entstanden gewaltige Kathedralen: zur gleichen Zeit, ohne Vorbilder, wie aus dem Nichts heraus.

Das landläufige Erkennungsmerkmal der Romanik ist der Rundbogen, jenes der Gotik der Spitzbogen. Diese grobe Unterscheidung stimmt zwar, trägt aber zum Verständnis des gotischen Baustils, seines Zwecks und seiner Wirkung auf den Menschen leider überhaupt nichts bei. Zum wirklichen Verständnis dieses bahnbrechenden neuen Baustils muss man seine Symbolik studieren, seine Zahlenverhältnisse, seinen Klang und seine Lichtregie.

In der Romanik baute man Kirchen aus Steinquadern, schichtete sie zu Mauern auf und setzte ein Dach darüber. Der gewaltige Druck eines romanischen Gotteshauses ruhte auf den starken Steinquadern. Plötzlich jedoch lösten die Baumeister die Mauern auf, ersetzten sie durch Glas und leiteten den Druck des Gebäudes über seitliche Stützen ab. Die Gotik war geboren – gleichzeitig in ganz Europa.

Die schönsten und größten Kathedralen wurden in Frankreich gebaut. Das Wort ist vom lateinischen „cathedra“ für „Lehrstuhl eines Bischofs“ abgeleitet. Es sind Meisterwerke der Architektur – lichte, fast transparente Bauwerke, die mit dem einfallenden Sonnenlicht spielten. Kannte die Romanik eine vergleichsweise primitive Geometrie, wie die gerade Teilung des Kreises in 3-Eck, 4-Eck, 6-Eck, 8-Eck, so entstand in der Gotik die höhere Kreisteilung in 5-Eck, 7-Eck, 14-Eck und die Anwendung der harmonikalen Proportionen. Das sind ganzzahlige, aus der Natur abgeleitete Zahlenverhältnisse, wie sie auch in der Musik vorherrschen.

Darüber hinaus ist in gotischen Kirchen auch astronomisches Wissen verschlüsselt, welches für uns heute noch rätselhaft ist. Die französischen Dome, der Jungfrau und Gottesmutter Maria geweiht, sollen nach Meinung einiger Forscher das Muster des Sternbilds Jungfrau auf dem Boden nachzeichnen.

Der gotische Spitzbogen veranlasst den Kirchenbesucher, nach oben zu schauen, sich aufzurichten. Er schaut den Himmel. Kirchenplafonds werden auch tatsächlich so genannt und meist mit Himmelsdarstellungen bemalt.

Die gotische Kathedrale – ein himmlisches Musikinstrument?

Die Kathedralen spiegeln kosmische Gesetze in ihren irdischen Maßverhältnissen wider. In ihren harmonischen Proportionen, in den Spannungen der Schwünge von Bogen zu Bogen und im Zusammenklang der Gewölbestreben sind die Intervalle der „Sphärenmusik“ in

Stein nachgebildet. Die Sphärenharmonie, wie sie Johannes Keppler beschrieben hat, wird mit den Musiknoten Do, Re, Mi, Fa, Sol, La, Si, Do ausgedrückt:

Do = Dominus, der Herr
Re = Regina coelis, die Himmelskönigin
Mi = Mikrokosmos
Fa = Fatum, das Schicksal
Sol = Sonne
La = Lactea, die Milchstraße
Si = Sidus, das Gestirn

Ein romanisches Rundbogengewölbe ruht auf seitlichen Stützmauern und leitet den Druck über diese nach unten ab. Das gotische Spitzbogengewölbe hingegen steht unter Spannung und leitet den Druck nach oben ab. Es vibriert, es schwingt. Diese Schwingung und das Kirchenschiff als Resonanzkasten sind in der Lage – weil harmonikale Gebäudeproportionen vorhanden sind – mit den Erd- und kosmischen Schwingungen in Resonanz zu treten und sie zu verstärken. Auf diese Weise wird ein Musikinstrument erzeugt, das für den Menschen unhörbare, aber trotzdem fühlbare Töne erzeugt. Die Kathedrale ist ein steinernes Musikinstrument, das durch die Fertigkeit eines kundigen Baumeisters gestimmt werden kann.

Die Templer als Baumeister der Kathedralen

Das zeitgleiche Erscheinen der Gotik mit dem Ende des ersten Kreuzzugs und das Entstehen der ersten Bauhütten schreibt man den Templern zu. Das Wissen um geometrische und musikalischen Proportionen und deren Umsetzung in Stein brachten die Templer aus Jerusalem mit nach Westeuropa. Sie gründeten Bauhütten und lehrten die Baumeister die Geheimnisse des Kathedralenbaus:
- die heiligen Maßverhältnisse, die Proportionen der Planeten- und Gestirnsbewegungen, die im Orient bereits zu dieser Zeit bekannt waren. Die irdischen Maßverhältnisse der Kathedralen sollten die kosmischen Sternengesetze widerspiegeln.
- die musikalischen Proportionen und deren Anwendung in der Architektur. Dadurch wird eine gotische Kathedrale zu in Stein gehauene Musik.

So wie Gott die Welt nach Maß, Zahl und Gewicht schuf, wollten die gotischen Baumeister das Haus Gottes auf Erden schaffen. Die Maße nahm man aus der Bibel, und zwar aus jenen Texten, die über das „Himmlische Jerusalem" berichten.
Auch der Wiener Stephansdom stellt symbolisch das himmlische Jerusalem dar. Auf dem Hochaltarbild schaut der gesteinigte Stephanus visionär die himmlische Stadt.

Der Siebenstern – das Geheimnis der Templer

Die Templer-Baumeister beherrschten die Kunst, nach harmonikalen Gesetzmäßigkeiten zu bauen. Sie wussten, dass die Proportionen des Kosmos, der Planeten, Sterne und Galaxien und die menschlichen Proportionen in den sogenannten platonischen Körpern zu finden sind. Diese geometrischen Formen konnten sie mit nur zwei Konstruktionswerkzeugen entwerfen: der 12-Knoten-Schnur und dem Zirkel. Für uns hochtechnisierte Menschen des 21. Jahrhunderts ist es unvorstellbar, wie jemand mit vergleichsweise primitivem Werkzeug solche Wunderwerke der Architektur schaffen konnte.
Mit Hilfe dieser 12-Knotenschnur mit ihren zwölf Teilstrecken kann man einfache geometrische Figuren wie Quadrate, Rechtecke oder Dreiecke bilden; so z. B. ein rechtwinkeliges, gleichseitiges oder gleichschenkeliges Dreieck, mit den Seiten 3:4:5, 4:4:4 oder 3:3:6. Erweitert man das Knotenseil auf 13 Knoten, so kann auch die geometrische Figur eines gleichschenkeligen Dreiecks mit den Seiten 4:4:5 gelegt werden. Dieses besondere Dreieck hat Basiswinkel von jeweils 51°25′ und birgt damit das Geheimnis des Siebensterns in sich. Zur Konstruktion desselben braucht man 7 Winkel zu je 51,4° bzw. 51°25′, die nicht mit dem Zirkel konstruiert werden können, jedoch mit dem ebenso genialen wie einfachen Trick der 13-Knotenschnur. Und eben jener geheimnisvolle Siebenstern war die Konstruktionsbasis der gotischen Kathedralen. Aus ihm entwickelten die Baumeister die kunstvollen Formen der Kirchenschiffe, Apsiden und Türme. Der Turm der Kirche Maria am Gestade ist aus dem Siebeneck konstruiert, der einzige seiner Art in Wien und ein Wunderwerk der gotischen Baukunst.
Ist es Zufall, dass die ägyptische Cheopspyramide, die schönste und vollendetste aller Pyramiden, denselben Neigungswinkel von 51°25′ aufweist? Könnten die Templer ägyptisches Geheimwissen nach Europa gebracht haben? Sind unsere Kathedralen vielleicht mit den Maßen, Proportionen und Bauprinzipien der Pyramiden vergleichbar? Interessant in diesem Zusammenhang ist auch die Höhe des Stephansturmes mit 136,44 Metern, die fast genau der Höhe der Cheopspyramide entspricht. Und das Strassburger Münster, im Jahr 1439 als höchster Turm der Christenheit vollendet, wird von einer Pyramidenhaube gekrönt – auf 142 Metern, die der ursprünglichen Höhe der Cheopspyramide entspricht, als sie noch das Pyramidion an ihrer Spitze hatte. Zufall oder Planung?
Viele der gotischen Kathedralen in Frankreich sind nach dem Muster des siebenzackigen Sterns erbaut, wie Louis Charpentier in seinem Buch „Die Geheimnisse der Kathedrale von Chartres“ beschreibt. Warum gerade dieses geometrische Konstruktionsprinzip?
Die Templerforscher nehmen an, dass zum Tempelschatz, den die neun französischen Kreuzritter in Jerusalem vermutlich gesucht und gefun-

den haben, auch alte Schriften und Karten gehörten. In diesen wäre geheimes Wissen, wie z. B. über die sogenannte Heilige Geometrie, verzeichnet gewesen; Wissen, welches die Auswirkungen von geometrischen Mustern der Natur und ihre Anwendung in der Architektur beschreibt. Auf diese Weise wären die Templer zu ihrem Wissen über Schwingung und Resonanz gekommen. Daher also das Wissen über musikalische Proportionen, über den Resonanzkörper Kirche und seine Auswirkungen auf den Menschen. Der Siebenstern wäre demnach am besten geeignet, die kosmischen Schwingungen nachzubilden und auf die Erde zu transponieren.

Ein gotischer Dom wirkt auf den Besucher, auch wenn dieser keine Kenntnis von Bauhüttengeheimnissen hat. Er erfährt intuitiv die Wirkung der Kathedrale. Für denjenigen aber, der die harmonikalen Gesetze kennt, beginnen die Steine zu sprechen.

Meister Anton Pilgram am Orgelfuß von St. Stephan. Mit Zirkel, Winkeleisen und 12-Knoten-Schnur schufen er und seine Kollegen Wunderwerke der Architektur.

DER STEPHANSDOM

Ein uralter Kultplatz mit elf Vorgängerkirchen

Die Geburtsstunde des Stephansdoms wird gerne mit dem Tauschvertrag von Mautern aus dem Jahr 1137 festgelegt. 1147 hat der Passauer Bischof eine Stephanskirche geweiht, genau im Jahr des zweiten Kreuzzugs nach Jerusalem. Ob es die heutige war oder ein Vorgängerbau, ist bislang noch nicht eindeutig geklärt. Die neuesten Erkenntnisse zeigen, dass die Geschichte des Domes nicht erst im 12. Jahrhundert beginnt, sondern seine Wurzeln weiter in die Vergangenheit zurückreichen als bisher angenommen.

Fest steht jedenfalls, dass der Stephansplatz schon lange vor dem Bau der Kirche ein Kultplatz gewesen sein muss. Die archäologischen Funde gehen zurück bis zum 5.–9. Jahrhundert. Eine Vermutung der Historiker konnte vor wenigen Jahren bewiesen werden. „Unter dem Riesentor fanden wir die Grundmauern einer noch unbekannten Kirche", so Dombaumeister Zehetner. Die Grabungen brachten auch Hinweise auf wahrscheinlich mehrere Vorgängerbauten des Domes, „die älter sein müssen als bisher angenommen", so Zehetner. Bislang sind elf Fußbodenbeläge übereinander dokumentiert. Zahlreiche Skelettfunde belegen Bestattungen rund um St. Stephan und seine Vorgängerkirchen.

St. Stephan ist ein uralter Kultplatz einer Sonnengott-Verehrung zur Wintersonnenwende am 21. Dezember. Das Stephanspatrozinium am 26. Dezember schließt nahtlos an diese vorchristliche Tradition an. Die Längsachse des Domes richtet sich genau nach jenem Punkt am Horizont, an welchem am 26. Dezember, dem Tag des Namenspatrons der Kirche, die Sonne aufgeht.

Die Wiener Dombauhütte

Dieser Dom, einer der eindrucksvollsten in Europa, wurde von der Wiener Bauhütte errichtet. Vier große Dombauhütten gab es damals in Europa, die Straßburger, die Kölner, die Wiener und die Berner Dombauhütte. Sie waren als Zünfte oder Bruderschaften der Steinmetze organisiert, mit Lehrlingen, Gesellen und dem Meister. Die Gesellen zogen von Bauhütte zu Bauhütte und erlernten solcherart ihr Handwerk. Wegen der sprachlichen Vielfalt der europäischen Länder brauchte man den „Parlierer", der als Dolmetsch fungierte und noch heute in der Person des Vorarbeiters, Polier genannt, auf jedem Bau tätig ist. Das Wort Polier oder Parlierer kommt aus dem Italienischen, von *parlare* für „sprechen". Ein gewisser Peter Parler – sein Name verrät uns seine Stellung – war als einer der bedeutendsten gotischen Baumeister in Prag, Köln und Wien tätig.

Das Wissen eines Steinmetzes und Baumeisters der Bauhütten war geheim und durfte nicht an Außenstehende weitergegeben werden. Nur wenige Dokumente überliefern dieses Geheimwissen, darunter das

Zeichen und Stempel der Wiener Dombauhütte.

„Bauhüttenbuch" von Villard de Honnecourt aus den Jahren 1230–35, ein Lehr-und Skizzenbuch für den Gebrauch in der französischen Bauhütte. Es ist die einzige und wichtigste Quelle zur Architektur der Gotik.
Die ehemalige Magdalenenkirche neben dem Dom, heute nur mehr als Bodenmosaik erkennbar, sei die Kapelle der Dombauhütte gewesen, die Virgilkapelle unter derselben der Sakralraum der Templer.

Steinmetzfigur und -zeichen am Dom

Auf den Steinen des Stephansdomes kann man immer wieder Schriftzeichen und Muster erkennen. Das sind die Zeichen der Steinmetze der Dombauhütte. Bis zum heutigen Tag verewigen sich die Handwerker auf ihrem Werkstück mit für uns geheimen Zeichen, die aus dem Urmuster der Blume des Lebens abgeleitet sind. Auch der Stempel der Dombauhütte zeigt die vier überschneidenden Kreise mit Zirkel und Winkeleisen im Zentrum.
Am Bogen des Riesentores ist ein Steinmetz dargestellt, ein sogenannter Geselle „im Zeichen". Ein freigesprochener Lehrling, dem die Rechte eines Gesellen zuerkannt wurden, war „zünftig", wenn er nach bestandener Prüfung seiner Kenntnisse in den geheimen Zunftbräuchen regelrecht zum „ehrbaren Gesellen" geworden war. Der „Ausweis" bestand aus „Zeichen und Wort, aus Schritt, Gruß und Handhaltung". Die Figur am Stephansdom zeigt das „Halszeichen".

SYMBOLE UND ZAHLENMYSTIK

Der romanische Stephansdom weist Symbole des heidnischen Abwehrzaubers und des Fruchtbarkeitskultes auf, seine gotische Architektur Zahlensymbolik und gnostische Elemente. Im Jahr 1237 wurde der Dom im gotischen Stil erweitert und ausgebaut. Ab da rückt Christus

in den Mittelpunkt. Er ziert als der Weltenrichter in der Mandorla oder Vesica Piscis (Fischblase) die Triumphpforte. Die ungerade Teilung von Kreis und Winkel und der Goldene Schnitt werden nun erstmals angewendet. Die mysteriöse Herkunft des Wissens schreibt man den Templern zu, die es aus dem Orient mitbrachten.
Das Riesentor, ein trichterförmiges Portal, so benannt nach dem mittelhochdeutschen Wort „risen“ für „fallen“, ist der Haupteingang des Stephansdomes. Im Bogen der Triumphpforte thront Christus in der Mandorla als Weltenrichter. Die Darstellung des sitzenden Christus mit entblößtem Knie ist ungewöhnlich und könnte auf ein geheimes Bauhüttenritual hindeuten, meint Rupert Feuchtmüller in „Der Wiener Stephansdom“. Bei der Aufnahme zum Gesellen trat der Steinmetz halb entkleidet, mit verbundenen Augen, bloßer Brust und mit entblößtem linkem Knie in die Bauhütte ein. Die Freimaurer folgen heute noch diesem Ritual bei der Aufnahme des Lehrlings.
Neun Köpfe zieren die Außenseite des Riesentores. Man vermutet eine Darstellung der neun Gründungsmitglieder des Templerordens. Sind sie hier als die Urheber des gotischen Baustils verewigt?
In der Symbolik der zweimal sieben Säulen und den ornamentalen Steinschnitzereien des Riesentores sieht man eine komplette Schöpfungsgeschichte. Hierarchisch von unten nach oben sind Pflanze, Tier, Mensch, Engel und ganz oben Christus dargestellt. Das Haupttor wird zur „porta coeli“, zum Himmelstor des Himmlischen Jerusalem. Der Himmelsfürst thront über dem Eingang. Links und rechts von Christus sitzen die zwölf Apostel und vier Evangelisten. Der aufmerksame Betrachter wird aber nur vierzehn Figuren zählen anstatt sechzehn. Der Grund dafür: Zwei Evangelisten waren gleichzeitig Jünger von Jesu.
Die Tiere an der Fassade stellen Löwen, die Wächter des Salomonischen Tempels, dar. Wieder ein Hinweis, dass das Wissen über den Tempelbau aus Jerusalem kommt. Der Greif ist ein Symbol für gnostisches Templerwissen über die Reinkarnation der Seele.
Zwei Säulen heben sich von der Westfassade ab. Sie werden allgemein als die Säulen des Salomonischen Tempels, Jachin und Boas, interpretiert. An der Säulenspitze sind zwei so gar nicht christliche Fruchtbarkeitssymbole, nämlich Phallus und Vulva, zu sehen. Sie stellen das männlich-aktive und weiblich-passive Prinzip dar. Die Freimaurer bedienen sich derselben Symbolik der salomonischen Tempelsäulen als Zeichen ihrer Nachfolge in der Tradition der Bauhütten (siehe Kapitel „Die Freimaurer“, Abschnitt „Die Wiener Großloge Zum Rauhen Stein“).
Die oktogonalen Heidentürme sind ein weiteres Indiz für den Einfluss der Templer auf den Dombau. Ihre achteckige Bauweise ist ein typisches Merkmal vieler Templerkirchen.
Die quadratische Basis des Südturms symbolisiert die Welt. Sie geht über ein Achteck und verjüngt sich über ein Vieleck bis an die punkt-

förmige Spitze, die für Gott steht. Zwölf Fialen (kleine Türmchen) schließen den Unterbau des Südturms ab. Aus deren Mitte erhebt sich die Turmspitze. Anschaulicher kann man Christus und die zwölf Apostel mit den Mitteln der Architektur nicht darstellen.
Die Kanzel im Dominneren ist das Meisterwerk eines Freimaurers. Sein Portrait und Zeichen, Zirkel und Winkeleisen, sind unter der Balustrade zu sehen. Eine subtile Symbolik zeigen die Dreipass- und Vierpassräder im steinernen Treppengeländer. Die Dreipässe für die Dreifaltigkeit rollen nach oben, himmelwärts, die Vierpässe nach unten, erdwärts.

Zahlenmystik

Der Wiener Stephansdom ist ein herausragendes Beispiel für die Anwendung von mittelalterlicher Figuren- und Zahlensymbolik. Er wurde nach den Gesetzen der jüdischen Zahlenmystik erbaut, nach welcher Zahlen keineswegs nur irgendwelche Mengen sind, sondern Eigenschaften und spirituelle Bedeutung haben. So bedeutet die Länge einer Kirche die Beharrlichkeit im Glauben, die Breite die Hoffnung und die Höhe die Liebe zu Gott.
Die ersten Zahlen unserer Zahlenreihe sind die wichtigsten und inhaltsschwersten, die späteren Zahlen sind Kombinationen und Summierungen der ersten Zahlen; meist deckt die Quersumme oder ihre Wurzel deren Geheimnis auf. Dem heutigen Menschen ist diese Einstellung zur Zahl verlorengegangen.
Die metrischen Maße des Domes erschließen uns die Zahlensymbolik keineswegs. Wir müssen die alten Fuß- und Klaftermaße dafür heranziehen. Ein Wiener Klafter (1,896 m) wird in sechs Wiener Fuß (31,6 cm) unterteilt. Jede Stadt bzw. Dombauhütte hatte damals ein anderes Fuß-Maß, die Unterteilung in ein Sechser-bzw. Zwölfersystem jedoch einheitlich. Vom römischen Fuß mit 29,57 cm über den griechischen Fuß mit 30,83 cm bis zum Fuß mit 35 cm war in Europa alles vertreten. Der Stephansdom hat – zur Verwirrung aller, die jemals versuchten, hinter sein Geheimnis zu kommen – sein ganz eigenes Maß und zwar: 6 Klafter zu 37 (!) Fuß zu je 30,8 cm. Sollten 6 Klafter nicht 36 Fuß sein? Nicht so im Stephansdom. Ein merkwürdiger Zufall ergibt sich bei 6 Klaftern:
6 Wiener Klafter zu 36 Fuß sind nämlich gleich 6 Stephansdom Klaftern zu 37 Fuß. Möglich wird diese wundersame Gleichung nur durch die unterschiedlichen Fußmaße: 36 Wiener Fuß zu je 31,6 cm oder 37 Domfuß zu je 30,8 cm sind jeweils 6 Klafter oder 11,4 m.
Ob dahinter nur Zufall oder eine tiefere Symbolik steckt, hat noch niemand herausgefunden.
Eine Auflistung der Dommaße möge das Gesagte verdeutlichen. Ein Vergleich der Proportionen und ihrer musikalischen Entsprechung

zeigt anschaulich, dass der Dom musikalisch schwingt und mit einiger Phantasie auch eine Melodie aus den Frequenzen komponiert werden könnte.

Breite : 34,2 m, 1 x 3 x 37 = 111 Fuß (1:1), (Dom)Fuß = 0,308 m
Breite inkl. Türmen: 68,4 m, 2 x 3 x 37 = 222 Fuß (1:2)
Länge: 102,6 m, 3 x 3 x 37 = 333 Fuß (1:3)
Nordturm: 68,3 m, 2 x 3 x 37 = 222 Fuß (1:2)
Südturm: 136,8 m, 4 x 3 x 37 = 444 Fuß (1:4)
Höhe Mittelschiff: 27,4 m, 4/5 x 3 x 37= 88 4/5 Fuß (5:4)
Seitenschiffe + Chor 22,8 m: 2m/3 x 3 x 37 = 74 Fuß (3:2)
Turmfundamente 3,7 m: 12 Fuß
37x die Fundamenttiefe ergibt die Turmhöhe
Die musikalischen Intervalle im Vergleich zur Architektur des Domes:

1:2=Oktave	Breite zu Nordturm zu Südturm (111:222:444)
2:3=Quinte	Gesamtbreite zu Länge (222:333)
3:4=Quart	Länge zu Höhe Südturm (333:444)
6:5=kleine Terz	Höhe Mittelschiff zu Seitenschiff
8:5=große Sext	5/8 Schluss der Apsis

Aus obiger Tabelle erkennen wir, dass die 3 und die 4 und ihre Addition als 7 und Multiplikation als 12 die wichtigsten Zahlen sind. Die 3, 4, 7 und 12 sind die heiligen Zahlen. 3 symbolisiert die Dreifaltigkeit, steht also für den Himmel, 4 symbolisiert die Welt mit ihren Himmelsrichtungen, ihren Elementen usw. und steht zahlensymbolisch für die Erde. Die 7 ist die Schöpfungszahl der Welt in sieben Tagen. 12 hat eine astronomische Bedeutung, abgeleitet aus dem Tierkreis und den Monaten, dargestellt meist als zwölf Säulen (zwölf Apostel), die das Kirchenschiff tragen. Wie tiefgründig die jüdische Zahlenmystik ist, erkennt man erst dann, wenn man über die Grundrechenarten hinaus in die mathematischen höheren Sphären der Potenzen und Wurzeln vordringt. So ist z. B. der Südturm über 343 Stufen erklimmbar. Das sind 7x7x7 oder 7 zur dritten Potenz. Die symbolische Bedeutung davon ist, dass die höchste Potenz, also Gott, über die Schöpfung und die Dreifaltigkeit zu erreichen ist.

Die rätselhafte Schlüsselzahl 37

Eine ganz bestimmte Zahl, die in allen Maßen des Domes vorkommt, gibt Rätsel auf. Es ist die 37. Sie ist die Basiszahl des Domes, d. h. jedes Maß im Dom wurde 37 Mal genommen.
Der Turm ist 37 Mal so hoch wie tief (37x12 Fuß = 444 Fuß), die Breite des Domes ist 37 Mal 3 Fuß, die Länge ist 37 Mal 9 Fuß, demnach ist der Dom exakt drei Mal so lang wie breit usw.
Warum gerade die Zahl 37? Was ist der tiefere Sinn dahinter? Diese Frage konnte bis heute noch niemand beantworten. Viele haben sich daran

Der „Fenstergucker“, Baumeister der Kanzel von St. Stephan.

versucht und auch mehr oder weniger plausible Teilantworten gefunden. So unter anderem:

- sei die 37, mit lateinischen Zahlen geschrieben XXXVII, das Zeichen für dreimal Christus XXX oder die Dreifaltigkeit und VII die Zahl für die sieben Tage der Schöpfung.
- Die 37 könnte aber auch aus dem Zeichen XP, dem Christusmonogramm, stammen. Die Buchstaben X(Chi) und P (Rho) haben die Stellenwerte 15 und 22 im griechischen Alphabet, in der Summe also 37.
- Eine andere Erklärung liefert das Zerlegen der Zahl 37 in 3+7. Damit wären die Dreifaltigkeit und die Schöpfungstage dargestellt. In der Summe ergibt es 10 und soll die Zehn Gebote Gottes symbolisieren.
- Oder ist hier der Schlüssel Salomos versteckt? Das Hexagramm mit seinen 37 Konstituanten (12 Punkte, 18 Striche und 7 Flächen = 37)?
- Vielversprechender als Erklärung dürfte der rein mathematische Ansatz sein, der die Primzahl 37 und ihre herausragenden Eigenschaften zur Basisgröße des Domes machte.
- Der mathematisch-magische Ansatz erscheint am besten geeignet, die wahren geistigen Hintergründe der 37 zu verstehen. 37 ist eine bedeutsame Zahl des „magischen Sonnenquadrats“. In diesem Quadrat tritt das Phänomen zutage, dass bei 36 Zahlenfeldern sämtliche Quer- und Diagonalsummen 111 ergeben – eine verdreifachte Eins und damit gesteigertes Trinitätssymbol. Die 37 ist die erste kleinste

unteilbare Einheit der Reihenkonstante 111 (111:3=37), sie ist die Summe der diagonal liegenden Eckziffern der Außenquadrate (36+1, 6+31), sie ist die Summe einander entsprechender Innenquadrate: (8+29, 11+26), sie ist die Summe der kleinen Quadrate (36) mit dem großen, all die kleinen Quadrate umschließenden Quadrat (1). Symbolisch bedeutet das, die 37 ist Regentin der 36, der Sechs und ihrer Potenz (6x6 Zahlenfelder): die 37 erscheint als Überwinderin der 36 und wird durch eine neue Sonnengeburt (Christi Geburt) abgelöst.
- Wie oben bereits ausgeführt sind 36 Wiener Fuß gleich 37 Domfuß. Darin lässt sich die Überwindung der 36 und die Geburt der 37 ein zweites Mal bestätigen.

Somit dürfte die Zahl 37 am ehesten eine mathematisch-astronomische Konstante sein, die mit christlicher Mystik (XXX VII für Christus usw.) überlagert wurde. Welches Wissen müssen die Baumeister der Gotik gehabt haben, um diese tiefgründige Symbolik in Zahlen und Geometrie zu verwandeln? Von wem haben sie dieses erhalten?

Tipp

STEPHANSDOM (Wien 1, Stephansplatz): Messe täglich 8,12 und ab 17 Uhr, SO 10,11,12 und ab 17 Uhr. Öffnungszeiten 6–22 Uhr; Besichtigung täglich, jedoch nicht während der Messen

AEIOU – DAS MYSTISCHE MOTTO ÖSTERREICHS

Als „Austria-Code“ oder „mystisches Motto Österreichs“ bezeichnet man gerne das rätselhafte Monogramm des Habsburgerkaisers Friedrich III. aus dem Jahr 1437. Bis heute weiß man nicht, was dieser Code bedeutet. War es nur sein persönliches Monogramm? Oder auch eine politische Botschaft und zahlenmystischer Code?
Diese fünf Vokale ließ Kaiser Friedrich III. (1415–1493) auf seinem Tafelgeschirr, Wappen und Bauwerken anbringen. Die Idee dazu brachte er aus dem Orient, 21-jährig vom Kreuzzug zurückgekehrt, mit und verwendet sie seit dem 27. April 1437 als sein persönliches Besitzzeichen.
„Bei welchem Bau, Silbergeschirr, Kirchengewand oder anderen Gegenständen der Strich und die fünf Buchstaben stehen, das ist mein ...“, schreibt Friedrich III, damals noch Herzog der Steiermark.
Kaiser Friedrich III. war einer der begabtesten und gebildetsten Habsburger. Er widmete sich naturwissenschaftlichen Forschungen, Astrologie, Alchemie und Mathematik.

Grabmal Friedrichs III. im Stephansdom mit dem rätselhaften Monogramm AEIOU.

Er glaubte, dass wertvolle Edelsteine erst dann ihre Wirkung entfalten, wenn sie mit AEIOU versehen sind. Er vollendete den Bau des Stephansdomes getreu seinem Vorbild Rudolf IV., dem Stifter. Sein monumentales Marmorgrabmal befindet sich im rechten Chor des Stephansdoms. Die Statue Friedrichs auf dem Tumbadeckel hält das Spruchband AEIOU.

Magisch-mystischer Formelglauben

Eine Bestätigung, dass Friedrichs Motto AEIOU nicht nur ein Monogramm wäre, sondern vielleicht auch ein magischer Code, glaubt man in seinen vom Horoskop abhängigen Entscheidungen zu sehen. Sein Hofastronom war Georg von Peuerbach, einer der herausragendsten Gelehrten seiner Zeit. Nach dessen Vorhersagen plante Friedrich seine Unternehmungen. Seine Kaiserkrönung hat er erst zwei Jahre nach der Wahl angenommen mit der Begründung: „Alles hat seine Zeit" („Omnia tempus habent"). Seine Eheschließung erfolgte erst auf Grund des günstigen Horoskops seines Hofastronomen, und der Vollzug der Ehe mit Eleonore in einem von ihm zur Verwunderung des Hofstaates kurz vorher ausgewechselten Bett, weil er dachte, das kaiserliche Bett sei verhext worden.

Eleonore gebar fünf Kinder, von denen nur ein Sohn, der spätere Kaiser Maximilian I., und die Tochter Kunigunde überlebten. Der Erst-

Memento mori aus Adneter Marmor: Das monumentale Grabmal für einen der begabtesten und gebildetsten Habsburger schuf Niclaes Gerhaert van Leyden.

ORDO EQU
S. SEPULCRI HIE

Der Ritterorden vom Heiligen Grab von Jerusalem: Wappenkartusche an der Außenmauer der Ruprechtskirche.

AEIOU, der rätselhafte Code Friedrichs III.: Besitzzeichen oder Prophezeiung?

geborene starb vier Monate nach der Geburt, wie Peuerbach in seinem Horoskop für Eleonore vorausgesagt hatte.

Dieses Horoskop, das Eleonore zur Kaiserin und Mutter Maximilians I. (1459–1519) machte, war von entscheidender Bedeutung für die Entwicklung der Habsburgerreichs zur Weltmacht. Nur wenige kennen den wahren Anteil des Peuerbachers daran. Insofern darf man Friedrichs Code AEIOU und die Übersetzung der drei bekanntesten Versionen als Prophezeiung verstehen, meint Friedrich Samhaber in der Festschrift über Georg von Peuerbach.

AEIOU – Der Austria-Code

Die Vokalreihe AEIOU wird im „Österreich-Lexikon“ folgendermaßen gedeutet: „Es ist Österreichs Bestimmung, die Welt zu beherrschen“, „Österreich wird ewig sein“ und „Alles Erdreich ist Österreich untertan“. Alphons Lhotzky gibt 300 verschiedene Versionen des „Austria-Codes“ an. Einige der bekanntesten sind:

- Austria erit in orbe ultima (Österreich wird ewig sein)
- Austriae est imperare orbi universo (Österreich ist bestimmt, die Welt zu beherrschen)
- Alles Erdreich ist Österreich untertan

In den Schulen wird meistens die erste Version gelehrt – wegen des Versmaßes.
Der Volksmund hat sich auch an weniger ernsthafte Interpretationen gemacht:

- Am End' is' ollas umasunst (Anklang an manche Wienerlieder)
- Allen Ernstes ist Österreich unwiderstehlich
- Alte Esel j(i)ubeln ohne Unterlass
- Aller Ehrgeiz ist Österreich unbekannt

Rätselhafter Code eines rätselhaften Kaisers

Friedrich III. und sein Monogramm werden wohl für immer rätselhaft bleiben. Ob mehr dahintersteckt als nur eine Kennzeichnung seiner Besitztümer?
Zwei weitere Deutungsversuche sind erwähnenswert. Nämlich die Variante eines Anagramms des Namens JEHOVA, welches Friedrich bei seinem Kreuzzug nach Jerusalem kennengelernt haben könnte. Im Namen Gottes stecken die fünf Vokale AEIOU, das H wird nicht gesprochen. Vielleicht hat der Code aber auch mit dem griechischen Zahlwert 17 für AEIOU zu tun. 17 war die Zahl der Auferstehung, ein Symbol für 14 Tage Lichtmond und 3 Tage Dunkelmond.
Interessant ist die Bezeichnung „Austria-Code". Genaugenommen sollte es Wien-Code heißen. Beide Worte haben denselben Zahlwert nach unserem Alphabet, die Zahl 51.

AEIOU [1+5+9+15+21=51]   WIEN [23+9+5+14= 51]

Tipp

AEIOU zu sehen an der Orgelempore der Ruprechtskirche (Wien 1, Ruprechtsplatz) und am Marmorgrab Friedrichs III. im Stephansdom
Grabmahl von Georg von Peuerbach: Stephansdom im rechten Chor neben der Orgel

ALPHABETUM CHALDAEORUM

Im Vorbau des zum Souvenirladen umgebauten Tores im Stephansdom befindet sich eine geheimnisvolle Inschrift. Leider ist sie wegen des Verkaufskiosks kaum mehr sichtbar. Umso mehr wollen wir sie vor der völligen Vergessenheit bewahren.
Herzog Rudolf IV. (1339-65) hat sich dort mit einer eigenen Geheimschrift im Stein verewigt. Die Inschrift besagt, dass sich hier (in dieser Kirche) sein Grab befindet.

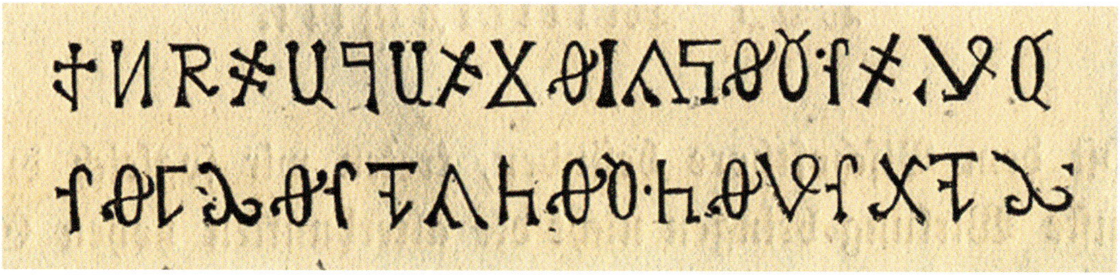

Herzog Rudolphs Geheimschrift im Stephansdom: das „Alphabetum Chaldaeorum“.

Die Inschrift wurde im 18. Jahrhundert entziffert und lautet: „Hic est sepultus nobili stirpe dux Rudolphus fundator.“ (Hier liegt begraben Rudolf der Stifter, aus vornehmem Geschlecht.)

Erst durch diesen Text erhielt Rudolf IV. den Beinamen „der Stifter“! Diese Geheimschrift ist vermutlich eine Erfindung Herzog Rudolfs. Man nennt sie „Alphabetum Chaldaeorum“, nach dem Volk der Chaldäer, denen man im Mittelalter magisches Wissen nachsagte. Rudolf selbst schrieb ihr eine indische Herkunft zu; tatsächlich sind die Buchstaben des „Alphabetum Chaldaeorum“ dennoch mit keiner in Indien gebräuchlichen Schrift verwandt und aller Wahrscheinlichkeit nach eigenständige Schöpfungen Rudolfs. Sogar die Grabplatte Rudolfs im Stephansdom trägt eine nach diesem Geheimalphabet verschlüsselte Inschrift, die bloß Namen und Titel des Herzogs wiedergibt – sie sollte möglicherweise die Vorliebe Rudolfs für die Verwendung der Geheimschrift versinnbildlichen.
Eine vollständiger Fassung in einer Handschrift aus dem Jahre 1428 befindet sich heute in der Universitätsbibliothek München (Cod. 4° 810, fol. 41v). Verwendet wurde die Schrift aber schon viel früher, wie unter anderem das Beispiel im Stephansdom zeigt.
Das Alphabetum Chaldaeorum war in erster Linie zur Verschlüsselung diplomatischer Korrespondenz gedacht; sein Zeichenvorrat weist darauf hin, dass überwiegend lateinische Texte chiffriert wurden: u und v werden gleichgesetzt; w war als doppeltes v zu schreiben; j fehlt. Für oft auftretende Buchstaben sieht das Alphabetum Chaldaeorum mehrere verschiedene Zeichen vor, die parallel benutzt wurden und eine Entschlüsselung nach der mustergültigen Häufigkeitsmethode verhindern sollten. Ergänzend wurden in die chiffrierten Texte häufig so bezeichnete „nulla“ eingeschoben, sinnlose Zeichen, die wie Buchstaben aussahen und das Entschlüsseln durch Unbefugte weiterhin erschwerten.

Tipp

STEPHANSDOM, Souvenirshop: Inschrift oberhalb des Kiosks

05 – GEHEIMCODE DER ÖSTERREICHISCHEN WIDERSTANDSGRUPPE

05 – das ist einer der jüngsten Geheimcodes in Wien: der im Zweiten Weltkrieg von österreichischen Widerstandsgruppen verwendete Code für „Österreich".

An der Fassade des Stephansdoms, rechts vom Haupteingang, sieht man unter einer Glasplatte zwei Zahlen bzw. eine Buchstaben-Zahlenkombination in den Stein graviert. 05, dieser Code gibt der jüngeren Generation Rätsel auf. Ältere Wiener jedoch, die den Zweiten Weltkrieg erlebt haben, erinnern sich noch gut an dieses Zeichen, welches an etlichen Wiener Hausmauern, in Kellern und sogar auf den Wänden des Kanalnetzes zu finden war. Es war das Zeichen des österreichischen Widerstands gegen den Nationalsozialismus. Mit 05 ist Österreich codiert. Das Ö wird hier als Doppelbuchstabe gelesen (Ö=OE). O ist somit keine Zahl, sondern ein Buchstabe und die Zahl 5 steht für den fünften Buchstaben im Alphabet, das E. Somit steht der Code 05 für die beiden Anfangsbuchstaben von Österreich.

Der legendäre Film „Der Dritte Mann", ein Klassiker aus dem Jahr 1949 von Carol Reed mit Orson Welles als Harry Lime, zeigt in einer Einstellung die abschließende Verfolgungsjagd im Wiener Kanalnetz. Dabei ist auf einer Kanalwand der Code 05 zu sehen. Dieser Kultfilm hat das Wien des Zweiten Weltkriegs und seinen Widerstandscode weltberühmt gemacht.

1944 tauchte an Wiener Hauswänden das Zeichen „05" als Chiffre für den österreichischen Widerstand auf. An der Fassade des Stephansdoms hat sich das Zeichen bis heute erhalten.

DER MERIDIAN VON WIEN

Im Wiener Stephansdom, nahe dem rechten Seitenausgang unter dem Südturm, befindet sich eine Bodenplatte, über die die meisten Besucher achtlos darüber steigen. Sie verdient aber Beachtung, denn dort ist der Meridian von Wien markiert. In die Platte eingemeißelt ist ein Vermessungspunkt, der Koordinatenursprung der habsburgischen k.k. Katastralvermessung. Dieser Punkt gibt die exakte geographische Länge und Breite von Wien an und war der Ausgangspunkt für die Vermessung einiger Kronländer der Habsburgermonarchie. Allerdings wurde hier nicht das uns heute geläufige Koordinatensystem östlich von Greenwich angewendet, sondern ein viel älteres, welches auf Ferro bezogen ist. Dieses System hat bereits Claudius Ptolemaeus 150 n. Chr. bei seiner Meridianeinteilung der Erde angewendet. Damals war der westlichste bekannte Punkt die Insel Ferro der Hesperiden, die Kanaren-Insel Hierro. Dort begann die Einteilung mit dem Nullmeridian. Dieses System wurde in Österreich bis zum Ende der Monarchie angewendet. Erst danach setzte sich der Meridian von Greenwich als Nullmeridian durch. Der Meridian von Wien lag damals auf 34°02′.
Ein Meridian ist ein senkrecht zum Äquator stehender und von Nord- zu Südpol verlaufender Halbkreis, von dem aus die geographische Länge nach Osten und Westen bestimmt wird. Vor der Festlegung auf einen internationalen Nullmeridian im Jahre 1884 besaß beinahe jedes europäische Land seinen eigenen Nullmeridian, meist die geographische Länge der jeweiligen Hauptstadt bzw. deren Sternwarte. Auf der Internationalen Meridiankonferenz 1884 wurde der durch die Sternwarte von Greenwich verlaufende Meridian als Nullmeridian international anerkannt.
Ab 1738 wurde in England der Meridian von Greenwich angewandt. In Deutschland wurde er 1885 übernommen, in Frankreich um 1900. Österreich-Ungarn verwendete ihn ab 1918, davor parallel mit dem alten Ferro-Meridian.
Eine Linie zur Bestimmung des Datums, wie im Buch „The Da Vinci Code“ für die Pariser San Sulpice Kirche behauptet, gibt es im Stephansdom nicht. Allerdings ist die Mittelachse des Domes auf den Sonnenaufgang des 26. Dezembers, des Namenstages des Kirchenpatrons Stephanus, ausgerichtet. An manchen Tagen werden auch gewisse Heiligenstatuen im Dom von der Sonne beleuchtet, wie z. B. die Heiligen Drei Könige am Dreikönigstag, dem 6. Januar.

Gnomon-Sonnenuhr von Georg von Peuerbach

Eine unscheinbare Vertikal-Sonnenuhr an der Fassade des Stephansdoms sollte ihre gebührende Bedeutung erfahren. Die meisten Wiener beachten sie kaum und ihren Konstrukteur Georg von Peuerbach ken-

Der Meridian von Wien, Vermessungspunkt im Stephansdom.

nen nur wenige. Im 15. Jahrhundert, dem Zeitalter Leonardo da Vincis, aber war seine Erfindung bahnbrechend für die korrekte Zeitbestimmung.

Die älteste Sonnenuhr Wiens aus 1451 befindet sich am südlichen Strebepfeiler an der Außenwand des Stephansdoms. Sie wurde von Georg von Peuerbach, dem Hofastronomen Friedrich III., mit der korrekten Deklination von 11° entworfen. Diesem Universalgelehrten des 15. Jahrhunderts war die Entdeckung der Deklination, der Abweichung des geographischen vom magnetischen Nordpol gelungen. Ohne diese Entdeckung wären unserer Kompasse unbrauchbar.

Georg Aunpeckh von Peuerbach (1423–1461) ist im Apostelchor des Stephansdoms begraben. Er war Mathematiker, Astronom, Instrumentenbauer, Dichter und Humanist, Lehrer an der Domschule St. Stephan, Erfinder der Klappsonnenuhr, Entdecker der Deklination und Schöpfer der Ephemeridentafel.

Die im Epitaph eingravierte von Peuerbach entwickelte Formel: $\sin h (\cos b - 1) = \sin H (\cos b - \cos t)$ dient zur Bestimmung der Sonnenhöhe h für jede Tageszeit aus der Mittagshöhe H, aus dem Stundenwinkel t und aus dem halben Tagbogen b, gültig für alle geografischen Breiten; eine Epoche verändernde Entdeckung eines heute fast unbekannten Universalgenies.

Tipp

Bodenplatte im Stephansdom mit altem Meridian von Wien

Verborgene Zeichen & versteckte Botschaften

„TACUI" – DER CODE DES VERSCHWIEGENEN HEILIGEN

Fünf goldene Sterne sind das Zeichen für den großen Schweiger, den Hl. Johannes Nepomuk (Peterskirche, Wien).

In der Wiener Peterskirche gibt es eine außergewöhnlich kunstvolle Darstellung der Legende um den Hl. Johannes Nepomuk. Diese Plastik befindet sich gegenüber der Kanzel im rechten Kirchenschiff. Sie zeigt den Heiligen, wie er von der Prager Karlsbrücke gestoßen wird. In der Moldau, mit silbernem Wellen dargestellt, erscheint der berühmte Nepomuk-Code, die fünf Sterne. Der Code mit den fünf Sternen für die fünf Buchstaben kann nur von demjenigen geknackt werden, der die Legende um den Heiligen kennt.

Diese erzählt, dass der Böhmenkönig Wenzel IV. von Johannes Nepomuk, dem Beichtvater seiner Gattin, verlangte, er solle ihm verraten, ob die Königin ein Liebesverhältnis gebeichtet habe. Johannes Nepomuk weigerte sich, das Beichtgeheimnis zu brechen.

Daraufhin habe der König ihn gefesselt, mit Steinen beschwert und von der Karlsbrücke in die Moldau werfen lassen. Nepomuk ertrank. An jener Stelle aber, an der Nepomuk unterging, seien später fünf leuchtende Sterne erschienen.

Diese fünf goldenen Sterne im Kranz sind seither das Zeichen für den Hl. Johannes Nepomuk, sein Attribut, mit dem er immer dargestellt wird.

Das Erscheinen der Sterne in der Moldau ist eine fromme Legende. In Wirklichkeit symbolisieren sie Nepomuks Schweigen, nämlich als verschlüsselter Code für die fünf Buchstaben des Wortes „tacui", lateinisch für „Ich habe geschwiegen".

Der Heilige Johannes (1350–1393) von Pomuk bei Pilsen in Böhmen ist der meistverehrte Heilige Europas. Überall bewacht er die Brücken, weswegen er auch der Brückenheilige genannt wird. Er ist der Schutzpatron von Böhmen, sein Festtag ist der 16. Mai.
Johannes Nepomuk war Beichtvater der Königin Johanna, Gattin von Wenzel IV. Er wurde zum Märtyrer, weil er als Geheimnisträger aus Überzeugung geschwiegen hatte.
Für den großen Schweiger und Wahrer des Beichtgeheimnisses stehen heute Nepomuk-Figuren überall in Europa auf den Brücken. So zahlreich, dass der österreichische Dichter Rainer Maria Rilke einen humorvollen Reim über den allgegenwärtigen Heiligen dichtete:

Sankt Nepomuk

„Große Heilige und kleine
feiert jegliche Gemeine;
hölzern und von Steine feine,
große Heilige und kleine.
Heilge Annen und Kathrinen,
die im Traum erschienen ihnen,
baun sie sich und dienen ihnen,
heilgen Annen und Kathrinen.
…
Aber diese Nepomuken!
Von des Torgangs Lucken gucken
und auf allen Brucken spucken
lauter, lauter Nepomuken!"
(Rainer Maria Rilke)

Die rote Zunge des großen Schweigers in Wiener Bezirkswappen

Auf drei Wiener Bezirkswappen ist ein eigenartiges und nicht leicht deutbares Bild zu sehen: eine rote Zunge im Sternenkranz. Es ist ein heraldisches, in der Wappenkunde gebräuchliches Symbol für Johan-

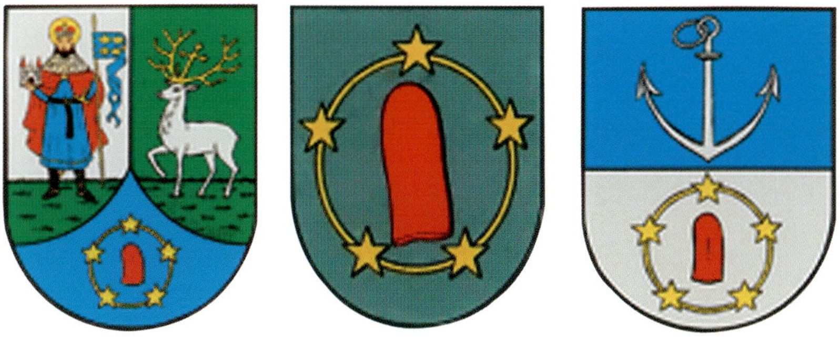

Leopoldstadt, Zwischenbrücken, Brigittenau (von links): Drei Wiener Wappen zeigen die Zunge des Hl. Nepomuk.

nes Nepomuk, den großen Schweiger – eine phantasievolle Darstellung der Legende um das nicht verratene Geheimnis der Königin.
Die Wappen der Bezirke Leopoldstadt und Brigittenau sowie der ehemaligen Ortschaft Zwischenbrücken zeigen die rote Zunge auf blauem Grund im goldenen Heiligenschein. Der Heiligenschein ist mit fünf fünfstrahligen goldenen Sternen für das Wort „tacui" bestückt.
Zwischenbrücken existiert nicht mehr als eigenständiger Bezirk, es wurde mit der Brigittenau vereinigt. Die Bezeichnung stand für das zwischen dem Donaustrom und dem mittleren Donau-Arm gelegene Gebiet. Die Benennung erfolgte, als man dort Brücken über den Fluss errichtete und das Gebiet somit „zwischen den Brücken" lag.

CHRONOGRAMME – CODES DER BAROCKZEIT

Ein Chronogramm ist ein Satz, in dessen Wörtern Zahlen verschlüsselt sind. Durch Hervorhebung einzelner Buchstaben, ergibt sich eine Jahreszahl. Die Verschlüsselung funktioniert aber nur mit römischen Zahlen, weil diese aus Buchstaben gebildet werden, aus M, D, C, L, X, V und I:

M=1000 D=500 C=100 L=50 X=10 V=5 I=1

Chronogramme sind in Mitteleuropa als lateinische Inschriften weit verbreitet, aber kaum jemand kann sie lesen. Besonders beliebt waren sie in der Barockzeit um 1700. Meist verraten sie das Baujahr oder die Renovierung eines Gebäudes.

Verschlüsseltes Datum: Das Chronogramm am ehemaligen Pfarrhof der Peterskirche verrät die Jahreszahl 1698 (Petersplatz 6 a).

Verschlüsselte Jahreszahl am Pfarrhof

In Wien entdeckten wir ein schwer zu lesendes Chronogramm am ehemaligen Pfarrhof der Peterskirche. Die lateinische Inschrift der Statue des Hl. Petrus verrät uns die Jahreszahl 1698. Die Inschrift auf der Statue des Hl. Petrus am Pfarrhof der Kirche St. Peter lautet:
„haC VetVsta sanCtI petrI paroCCIa.
fVnDIbVs.
sVperIntenDente a CIs ChI eXCVL … 1698"
Übersetzt bedeutet es: „Dieses alte Pfarramt zu Sankt Petrus gegründet. Unter der Oberaufsicht von Cischini veredelt … 1698"

DER DAVIDSTERN – EINE WIENER ERFINDUNG!

Anlässlich der 50-Jahr-Feier des Staates Israel fragte man nach der Herkunft des Davidsterns, des Staatssymbols von Israel, welches seit 1948 die Staatsflagge ziert. Der Historiker Dr. Ysmael Rubinstein machte sich auf die Suche nach den historischen Quellen und förderte Erstaunliches zu Tage.
Erstens müsse man den Begriff mit Davidschild übersetzen, sowohl auf Aramäisch wie auch auf Jiddisch würde er so genannt, „Magen David“. Zweitens haben die Juden nie ein Staatssymbol gehabt, sondern seit dem Mittelalter verschiedene Symbole verwendet, unter anderem den siebenarmigen Leuchter oder den aufgerichteten Löwen.
Der Davidstern als jüdisches Staatssymbol sei eigentlich eine Erfindung aus dem Jahr 1648, und zwar – man höre und staune – von Wiener Jesuiten.
Gegen Ende des Dreißigjährigen Krieges belagerten die Schweden die Stadt Prag. Zu ihrer Verteidigung zog man die Bürgermiliz heran. Darunter gab es auch jüdische Einheiten. Als die Schweden geschlagen waren, wollte Kaiser Ferdinand III. (1608–1657) die tapferen Verteidiger ehren und befahl ihnen, mit Wappen und Fahnen aufzumarschieren. Nur – die jüdischen Einheiten hatten keine. Da war guter Rat teuer, den nicht einmal die Familie Oppenheimer, des Kaisers „Hofjuden“, geben konnte. So konsultierte man die gelehrten Jesuiten. Diese meinten, dass König David wohl die beiden D seines Namens auf seinen Fahnen getragen hätte. Und so kamen sie auf die Idee diese Ds,

Eine Wiener Erfindung auzs dem Jahre 1648: der Davidstern.

die man als Dreieck schreibt, ineinander zu verschränken und als das neue Zeichen der jüdischen Milizeinheit zu verwenden. Ab dieser Zeit wurde es dann auf den Synagogen angebracht. Die jüdische Bankiersfamilie Rothschild benützte es als ihr Wappensymbol und trug so zur Verbreitung bei.
In Wien trennte im 17. Jahrhundert jeweils ein Grenzstein das jüdische Ghetto vom christlichen Stadtviertel ab. Der eine Stein war mit dem Davidstern, der andere Grenzstein mit dem Kreuz markiert. So berichtet es Dr. Rubinstein in den „Vierteljahresheften für freie Geschichtsforschung".
Eine Erfindung der Jesuiten war der sechszackige Stern jedoch nicht. Das Hexagramm war bereits in alten Kulturen als magisches Siegel in Verwendung. Ihm wurden okkulte Eigenschaften zugeschrieben. So soll es Dämonen abwehrende Wirkung haben, ähnlich dem Drudenfuß, dem Pentagramm. Die Antikenabteilung des Wiener Kunsthistorischen Museums zeigt magische Hexagramm-Siegel aus frühchristlicher Zeit. Ein besonders schönes Exemplar ist der Brotstempel in Hexagrammform aus dem 4. Jahrhundert.

Tipp

MAHNMAL AM JUDENPLATZ (Wien 1, Judenplatz 8):
Öffnungszeiten SO–DO 10–18, FR 10–14 Uhr
JÜDISCHES MUSEUM (Wien 1, Dorotheergasse 11):
Öffnungszeiten SO-FR 10-18 Uhr
ANTIKENSAMMLUNG IM KUNSTHISTORISCHEN MUSEUM (Wien 1, Maria Theresienplatz): Öffnungszeiten DI–SO 10–18 Uhr, DO bis 21 Uhr

Das Holocaust-Mahnmal von Rachel Whiteread am Judenplatz.

ANHANG

BEGRIFFSERKLÄRUNG

Ambigramm: (vom lateinischen „ambo" = „beide" und dem griechischen „gramma" = „Schrift") ist ein symmetrischer Schriftzug, welcher jeweils um einen bestimmten Winkel (meist 180°) gedreht wiederum den gleichen Schriftzug ergibt. Im wörtlichen Sinne handelt es sich also um Schrift, die von beiden vorgegebenen Blickwinkeln aus gelesen werden kann.

Anagramm: bezeichnet ein Wort, welches durch Umstellung einzelner Buchstaben aus einem anderen Wort gebildet wurde.

Chronogramme (gebildet aus „chronos" = „Zeit" und „gramma" = „Schrift") sind Jahreszahlen, die als römische Buchstaben in einem Satz versteckt sind.

Code: ist eine in Bildern, Zahlen oder Formeln verschlüsselte Information.

Häresie (vom griechischen „hairesis" = „Wahl, Auswahl"): Nach dem ersten Konzil von Nicäa 325 n. Chr. erklärte die Kirche in Rom alle Lehren, die vom orthodoxen Christentum abwichen, zur Häresie.

Hermetisch: „verschlossen" = luftdicht, undurchdringlich, von Hermes Trismegistos, einem sagenhaften ägyptischen Weisen, der die Kunst erfunden haben soll, eine Glasröhre mit einem geheimnisvollen Siegel luftdicht abzuschließen. Hermetische Schriften sind Geheimschriften nach Hermes Trismegistos.

Rosenkreuzer: Mitglieder einer geheimen, mystischen Gesellschaft, deren Anfänge im 17. Jahrhundert liegen. Die Lehrinhalte der Rosenkreuzer bestehen aus alchemistischen, hermetischen und kabbalistischen Elementen. Entsprechend der Gründungslegende ist Frater Christian Rosencreuz Begründer des Ordens der Rosenkreuzer. Andere Quellen berufen sich auf Dokumente, wonach die Rosenkreuzer angeblich 1188 von Johann von Gisors, einem französischen Adeligen, gegründet worden seien.

Mittelalterliche Maße in Wien

1 Wiener Klafter (6 Fuß) = 1,896 m, 1 Wiener Fuß = 31,6 cm

Quellen und Literatur

RATH, Erich von: Geheimsprache der Bilder. Die astrologische Lehre und ihre Symbolik in der bildenden Kunst, Wien 1984

BILDFÜHRER Weltliche und Geistliche Schatzkammer Wien, Salzburg 1987

BRAUNBEHRENS, Volkmar: Mozart in Wien, München 2006

BRAUNEIS, Walter/PERGER, Richard: Die mittelalterlichen Kirchen und Klöster Wiens, Wien 1977

BUDKA, Julia: Der Schönbrunner Obelisk. Symbolik und inhaltliches Programm des Hieroglyphendekors. In: Veröffentlichungen der Institute für Afrikanistik und Ägyptologie der Universität Wien 103: Beiträge zur Ägyptologie Bd. 21. Wien 2005

CHARPENTIER, Louis: Die Geheimnisse der Kathedrale von Chartres, Köln 1972
DE SEDE, Gerard: Die Templer sind unter uns. Das Rätsel von Gisors, Paris 1962
EHRLICH, Anna: Heiden, Christen, Juden und Muslime: Eine Geschichte der Religionen in Österreich, Wien 2009
EHRLICH, Anna & Mayr, B.: Szepter und Rose, München 2004
FEUCHTMÜLLER, Rupert: Der Wiener Stephansdom, Wien 1978
FREIMAURER: Katalog zur Sonderausstellung des Historischen Museums Wien, 1992
FRIEDRICH III.: Katalog zur Ausstellung, Wr. Neustadt 1966
GARDNER, Laurence: Das Vermächtnis des Heiligen Gral. Die Nachfahren Jesu und die geheime Geschichte Europas, München 1999, engl. Original 1996
GUGITZ, Gustav: Sagen und Legenden der Stadt Wien, Wien 1952
HEINRICH, Walter, Zahl und Zeit in magischen Quadraten: Die Primzahlen und das Sonnenjahr. Trier 1997
HESEMANN, M: Die Entdeckung des Hl. Grals. Das Ende einer Suche, München 2003
KIRCHWEGER, Franz: Die Heilige Lanze in Wien. Insignie – Reliquie – Schicksalsspeer. In: Schriften des Kunsthistorischen Museums, Wien 2005
KRAUS, Michael (Hg.): Die Freimaurer, Salzburg 2007
KRENSLEHNER, Erich/LUKACS, Gabriele et al.: Geheimnisvoller Tiergarten Schönbrunn. Eigenverlag 2006
KUBIN, Ernst: Die Reichskleinodien, Wien 1991
KUNZE, Gerhard: Tiergarten Schönbrunn, Wien 2006
KUNZFELD, Alois: Die Augustinerkirche – Ehemalige Hofkirche zu St. Augustin in Wien, 1928
LAMMER, Helmut/Boudjada Mohammed: Steinerne Rätsel, München 2003
LINCOLN, Henry/BAIGENT, Michael/LEIGH, Richard: Der Heilige Gral und seine Erben, Bergisch Gladbach 2006
LHOTZKY, Alphons: Aufsätze und Vorträge, Band II, Wien 1971
MEYER, Eduard: Geschichte des Altertums. 1902
MCGOWAN, Kathleen: Das Magdalena Evangelium. 2008
NEUNDLINGER, Ferdinand/MÜKSCH, Manfred: Die Templer in Österreich, Innsbruck 2001
PALA, Giovanni Maria: Musica celata. 2007 ISBN 978-88-6206-005-9
PERL, Helmut: Der Fall Zauberflöte. Mozart und die Illuminaten, Mainz 2006
RALLS, Karen: Maria Magdalena. Ihre Geheimnisse und ihre Geschichte, Wien 2008
RAVENSCROFT, Trevor: Die Hl. Lanze, Tübingen 1996
REISER, Rudolf: Mozart in Bayern, München 2005
RESCH-RAUTER, Inge: Unser keltisches Erbe, Wien 1998

ROHRECKER, Georg: Die Kelten Österreichs. Auf den Spuren unseres versteckten Erbes, Wien 2003

SAMHABER, Friedrich: Der Kaiser und sein Astronom: Friedrich III. und Georg von Peuerbach, Stadtgemeinde Peuerbach 1999

VOLFING, Gerhard: Auf den Spuren der Templer in Österreich, Gnas 2004

ZAGAROV-KOSTOVA, Desislava: Studien zur Baugeschichte der Georgskapelle bei der Wiener Augustinerkirche, Diplomarbeit 2008

Internet, Lexika, Periodika

www.wikipedia.org/Dan Brown

www.wikipedia.org/Leonardo da Vinci

www.aeiou.at (österreichisches Online-Lexikon)

web.utanet.at/mahain/da_vinci_code_in_wien.htm

www.lamusicacelata.it (Website von G. M. Pala über den musikalischen Da Vinci Code)

www.freimaurer.at/german/g_history.htm

http://www.uni-leipzig.de/kuge/zoellner/e-publikationen/brown.htm

Das ökumenische Heiligenlexikon

Die Zeit: Zeitung für Wissenschaft, Politik und Kunst, Frankfurt

Lexikon für Österreich in 20 Bänden, 2005

Vierteljahreshefte für freie Geschichtsforschung 3(2) (1999), S. 181f.

Topografie von NÖ, Verein für Landeskunde, Band V, 1903

Bildnachweis

S 24, 32 Chris Norman, Edinburgh, Zeichnung G.Lukacs

S 34 Zeichnung G.Lukacs nach Vorlage G.M.Pala

S 40,49 public domain wikipedia

S 75 aus dem Bildband von Gustav A. Schimmer, Reprint der Ausgabe Wien, 1854–1856

S 96 Zeichnung G.Lukacs

S 97 aus Gerard de Sede, Die Templer sind unter uns

S141 G. Lukacs

S 142 Plan von Franz Boos 1751, Plansammlung Albertina

DANKSAGUNG

Für ihre historische Beratung, besondere Unterstützung und wertvolle Anregungen bei der Erstellung dieses Buches danken wir DDr. Anna Ehrlich, Kulturhistorikerin, Sachbuchautorin und Fremdenführerin – im Speziellen für die Möglichkeit, bei der Gruppe www.wienfuehrung.com Führungen zu diesem Thema anbieten zu können.

Dr. Erich Krenslehner, dem besten Kenner der okkulten Zusammenhänge im Schlosspark und Tiergarten Schönbrunn, möchten wir für wertvolle Hinweise und Unterstützung danken.

Bei Hannes Bauch vom Himmelkeller bedanken wir uns für die freundliche Genehmigung zum Fotografieren seines einzigartigen Kellerlabyrinths und für die Hinweise über Templerbesitz in Kronberg.

Nicht zuletzt gilt unser Dank unseren Familien und allen jenen, die durch ihre Mitarbeit zum Gelingen dieses Buches beigetragen haben.

Wir bedanken uns auch bei Andreas Hajek

DIE FÜHRUNG ZUM THEMA

Diese außergewöhnliche Wien-Führung berührt Glaubenswahrheiten ebenso wie phantastische Erfindungen von Romanautoren, echte historische Begebenheiten und Kostbarkeiten, die sich in Wien befinden. Das Buch von Dan Brown hätte ebenso in Wien spielen können. Vieles beruht auf Spekulationen und Legenden – machen Sie sich selbst ein Bild!

Wir besuchen die Minoritenkirche, wo Sie mit Leonardos „Letztem Abendmahl" bekannt gemacht werden und dessen geheime Botschaften erfahren. Dann geht es weiter durch das Stadtzentrum, Sie hören vom Heiligen Gral, kommen zur Kirche des Opus Dei, entdecken geheime Zeichen und die Bedeutung der Zahlen am Dom, begegnen den Tempelrittern, Freimaurern und Illuminaten. Und schließlich beschäftigen wir uns noch mit der Blutlinie der Habsburger.

Infos über öffentliche Führungen von Wienfuehrung, ferner über Sonderführungen mit Gabriele Lukacs und Anmeldung finden Sie auf www.wienfuehrung.com bzw. www.davinci-wien.com.

Anmeldungen und Anfragen für Buchungen richten Sie bitte an office@wienfuehrung.at.

WORT DES FOTOGRAFEN

Als ich mit den Fotoarbeiten zu diesem Buch begann, ahnte ich noch nicht, dass ich bereits seit langer Zeit Fotos von Zeichen und rätselhaften Darstellungen gemacht hatte. Mir wurde erklärt, dass sich hinter diesen Zeichen noch mehr an Informationen verbirgt, als es im ersten Moment den Anschein hat. Bei genauerer Betrachtung wurde auch in mir die Neugierde geweckt und ich begab mich mit der Kamera auf die Spurensuche durch unsere engste Heimat. Wie viel Informationen in dem einen oder anderen Objekt oder einer bestimmten Darstellung wohl verborgen sind, kann nur jeder Betrachter für sich selbst entscheiden. Fest steht, dass es immer schon Menschen gegeben hat, die sich zu Verbindungen und Interessensgemeinschaften zusammengeschlossen haben. Zur besseren Übersicht setzte ich auch an so manchen Orten meine Luftbildkamera ein. Aus der Vogelperspektive war das Gesamtbild oft besser zu erkennen. Von Drachen gezogen, flog diese über die unterschiedlichsten Schauplätze hinweg.

Ich wünsche Ihnen, liebe Leserinnen und Leser, mit diesem Buch einige spannende Stunden und möchte Sie mit meinen Bildern zu einem möglichen Besuch der einzelnen Schauplätze und Orte animieren. Denn live ist immer noch am besten!

Robert Bouchal

Viele weitere Fotos, die bei der Arbeit zu diesem spannenden Buch entstanden sind, finden sie auf: www.bouchal.com

Spannung · Mystik · Energien

Bouchal · Sachslehner
SAGENHAFTER WIENERWALD
Mythen · Schicksale · Mysterien
208 Seiten, 17 x 24 cm
durchg. farbig, Hardcover mit SU
€ 19,90 · ISBN 978-3-85431-436-3

Gabriele Lukacs · Robert Bouchal
KRAFTORTE IN NIEDERÖSTERREICH
Heil- und Energiewege ...
200 Seiten, 17 x 24 cm
durchg. farbig, Hardcover mit SU
€ 24,95 · ISBN 978-3-85431-479-0

Robert Bouchal · Peter Beck
KRAFTORTE IN WIEN
Orte des Lebens · Inseln der Ruhe · Rätselhafte Energien
192 Seiten, 17 x 24 cm
durchg. farbig, Hardcover mit SU
€ 19,90 · ISBN 978-3-85431-444-8

Bouchal · Sachslehner
NAPOLEON IN WIEN
Fakten und Legenden
208 Seiten, 17 x 24 cm
durchg. farbig, Hardcover mit SU
€ 24,95 · ISBN 978-3-85431-461-5

Ackerl · Bouchal · Schödl
DER SCHÖNE TOD IN WIEN
Friedhöfe · Gruften
Gedächtnisstätten
168 Seiten, 17 x 24 cm
durchg. farbig, Hardcover mit SU
€ 24,95 · ISBN 978-3-85431-471-4

Rainer Limböck
DIE ZAUBERKRAFT DER BERGE
Der Wanderführer zu den Kraftorten der Alpen
208 Seiten, 17 x 24 cm
durchg. farbig, Hardcover mit SU
€ 24,95 · ISBN 978-3-85431-508-0

Karl Lukan · Fritzi Lukan
HEILIGES UND WUNDERSAMES
Unterwegs zu außergewöhnlichen Plätzen in Österreich
192 Seiten, 17 x 24 cm
durchg. farbig, Hardcover mit SU
€ 24,95 · ISBN 978-3-85431-469-1

Führungen zu diesem Thema buchen Sie bei
www.wienfuehrung.com

Autoren und Verlag bedanken sich für die freundlichen Abdruckgenehmigungen.

ISBN: 978-3-85431-506-3

www.ichlese.at

Umschlaggestaltung: Bruno Wegscheider
Produktion und Gestaltung: Alfred Hoffmann

Reproduktion: Pixelstorm, Wien
Druck und Bindung:
Druck und Bindung: Druckerei Theiss GmbH, St, Stefan im Lavanttal
Printed in Austria